CRISTAIS

MANUAL DE ATIVAÇÃO E CURA

MICHELLE GIL

ALFABETO

Direção Editorial: Edmilson Duran
Produção Editorial: Rackel Accetti
Revisão: Karina Gercke
Capa e diagramação: Décio Lopes

DADOS INTERNACIONAIS DE CATALOGAÇÃO NA PUBLICAÇÃO (CIP)
Angélica Ilacqua CRB-8/7057

Gil, Michelle

Cristais: manual de ativação e cura / Michelle Gil. Editora Alfabeto, 1ª Edição.
São Paulo/SP, 2025.
224 p. : il.

ISBN 978-65-87905-86-0

1. Cristais 2. Esoterismo I. Título

25-1029 CDD 133

Índices para catálogo sistemático:
1. Cristais

ALFABETO
www.editoraalfabeto.com.br

EDITORA ALFABETO
Rua Ângela Tomé, 109 - Rudge Ramos | CEP: 09624-070
São Bernardo do Campo/SP | Tel: (11)2351.4168
editorial@editoraalfabeto.com.br

DEDICATÓRIA

Dedico esta obra à minha família – minha mãe, meu pai, meu marido e meus filhos tão amados – que sempre foram meu alicerce e minha força para seguir nesta missão. Seu amor e apoio incondicional me sustentam e me impulsionam a continuar meu trabalho com dedicação e propósito.

Aos meus amados alunos, cuja sede de conhecimento me trouxe até aqui. Vocês são a razão desta caminhada, e é uma honra guiá-los no processo de despertar e aprendizado contínuo. Que esta jornada seja de luz, expansão e transformação!

E à minha amada amiga de todas as horas, irmã de jornada e Mestra iluminada de tantos éons, que com tanta generosidade me guiou nesta nova aventura. Sua luz e sabedoria são presentes preciosos em minha jornada. Eu te honro e te amo, Dori Tamburini!

Vejo vocês! Honro imensamente cada um de vocês! Que a luz dos cristais ilumine seus caminhos e que possamos seguir juntos nessa jornada de despertar e evolução.

SUMÁRIO

LISTA DE CRISTAIS

AGRADECIMENTOS

Com infinita gratidão, honro a sacerdotisa que habita em mim, cuja sabedoria ancestral guiou cada palavra deste livro, permitindo que esse conteúdo chegasse até você de forma prática e acessível, para iluminar sua jornada. Que o espírito de amor, ativação e cura inspire e conduza você através das dimensões das múltiplas realidades.

Agradeço ao reino cristalino, guardião de verdades ocultas e curas profundas, por suas vibrações e por cada mensagem e ativação confiada a mim. Em cada cristal, uma energia grandiosa; em cada pedra, um portal de conexão ao divino. Com reverência, honro também o reino dévico, os seres sutis e guardiões da Natureza, cuja presença etérica torna cada jornada mais sublime e cheia de luz.

A você, querido leitor, dedico meu mais profundo agradecimento. Que as palavras a seguir sejam para você uma bússola, um amuleto e um portal de autoconhecimento. Que esta obra seja um espelho, refletindo a sabedoria ancestral da Terra e das Estrelas, trazendo para o agora os conhecimentos akáshicos imprescindíveis para sua jornada. Que a luz cristalina pulse e expanda infinitamente em seu coração.

Que juntos, a partir do eterno agora, possamos abrir e atravessar este Portal de Ativação Cósmico, que nos conduzirá ao Universo Infinito e nos acolherá em suas múltiplas formas de cura, reconexão e expansão de nossa linhagem estelar, que o Reino Cristalino guarda amorosamente em sua codificação.

Respire... feche seus olhos... e atravesse o Portal!
Eu vejo você!
Eu honro você!
Eu vejo sua jornada e sua infinitude!
Eu vejo sua recodificação e expansão!
Haja Luz!

PREFÁCIO

Mensagem da Sacerdotisa
do Reino Cristalino, Lyra de Tellos

Bem-vindo amado Ser de Luz. Sou Lyra de Tellos, Sacerdotisa do Reino Cristalino, guardiã das essências que vibram na Terra e no Cosmos. Hoje, abro os portais para a sabedoria que habita em cada cristal e em cada átomo de luz. Esta mensagem é um chamado para que você se recorde da sua linhagem e da essência divina que pulsa em seu ser.

Nesta obra, você será conduzido por uma jornada de descobertas e ativações. Encontrará, em cada página, a presença dos seres cristalinos que trazem em si a sabedoria antiga da Terra e do Cosmos. Cada cristal apresentado é uma porta para o autoconhecimento, para cura e para reconexão espiritual e ancestral que pulsa em você. Os cristais não são apenas pedras, eles são seres cristalinos que pulsam múltiplas formas de luz e energias. Neles estão frequências codificadas, memórias de eras passadas e o poder de despertar a verdade que habita em você.

Ao longo desta obra, você aprenderá a se conectar com cada cristal em seu nível mais profundo, ativando suas propriedades sagradas por meio de rituais simples, decretos poderosos e visualizações guiadas. Essas ativações foram canalizadas para harmonizar sua mente, corpo e espírito, e para que você se sintonize com a frequência dos reinos cristalinos e dévicos. Cada decreto é um chamado à sua essência, ajudando a abrir os canais para receber as energias puras e transformadoras que os cristais oferecem.

Os cristais que você encontrará aqui não são apenas fragmentos de pedra; são bibliotecas ancestrais, guardiões de segredos cósmicos e portais que ligam você ao divino. Cada um guarda memórias da Terra, do Cosmo e de civilizações que caminharam pela senda da ascensão. Ao se conectar com eles, você alinha seu ser ao fluxo eterno do Universo e desperta em sua consciência as chaves de sua consciência mais elevada, sua alma estelar.

Que as páginas que seguem sejam para você um guia, um amuleto e um portal para ativar o seu poder interior e relembrar a sabedoria ancestral que vive em seu coração e pulsa em seu DNA. Ao praticar as ativações e permitir que cada energia cristalina se manifeste em sua vida, você se abrirá para um mundo de possibilidades, reconexões e curas.

Permita-se, então, um momento de quietude... Feche seus olhos e abra seu coração. Deixe que as energias cristalinas e as memórias ancestrais da Terra e da Estrelas, guiem sua jornada, o conduzindo de volta à sabedoria infinita que pulsa em você. Que esta caminhada ao lado do Reino Cristalino o ajude a redescobrir seu propósito, sua luz interior e a profunda conexão com o Universo Infinito. Que cada cristal revele, em sua essência, as codificações sagradas que aguardam para florescer em sua vida.

Desejo que esta jornada te leve a encontrar o seu propósito, sua luz interior e o seu vínculo com o Reino Cristalino que, amorosamente guarda, compartilha suas codificações sagradas e faz ressoar com a sua energia.

Eu Sou **Lyra de Tellos,**
Em profundo amor por você.

INTRODUÇÃO

Amado Ser de Luz,

Seja muito bem-vindo(a) ao "Cristais: Manual de Ativação e Cura" um guia essencial criado especialmente para aqueles que desejam explorar o incrível mundo dos cristais e aproveitar suas energias de forma prática e transformadora. Nesta obra, você encontrará uma seleção criteriosa dos cristais mais importantes para o trabalho energético (no meu ponto de vista), cada um descrito com profundidade e clareza, para que você possa compreender e aplicar seus poderes no seu dia a dia.

Os cristais têm sido utilizados por milênios, em diversas culturas, como ferramentas para cura, proteção, meditação e ampliação da consciência. Sua beleza natural e suas propriedades energéticas fazem deles aliados poderosos na jornada de autoconhecimento e evolução espiritual.

Este guia foi concebido com o propósito de facilitar seu acesso a esse universo fascinante, oferecendo informações detalhadas sobre as características mentais, emocionais e energéticas de cada cristal, bem como orientações sobre como limpá-los, energizá-los e utilizá-los em suas práticas.

Cada cristal possui uma assinatura energética única que ressoa com diferentes aspectos da nossa mente, corpo e espírito. Ao entender essas ressonâncias, você pode selecionar os cristais que mais se alinham com suas necessidades e intenções, potencializando suas práticas espirituais e terapêuticas.

Seja você é um terapeuta holístico, um entusiasta da espiritualidade ou alguém que está apenas começando a explorar o poder dos cristais, este livro foi feito para ser seu guia de referência. Nele, você encontrará não apenas uma introdução às propriedades de cada cristal, mas também dicas práticas para integrar essas pedras preciosas à sua vida, promovendo bem-estar, equilíbrio e harmonia.

Minha intenção é que esta obra sirva como uma ponte, conectando você a essa dimensão energética poderosa, e ao mesmo tempo sutil, e que, através dela, você possa aprofundar sua prática e seu conhecimento, utilizando os cristais de forma consciente e eficaz em sua jornada espiritual e pessoal. Que cada página deste livro inspire sua conexão com a Terra e com o Universo, e que os cristais que encontrar aqui sejam verdadeiros guias curadores em sua caminhada.

Prepare-se para embarcar em uma jornada de descobertas e transformação.

Com o conhecimento que receberá através desse poderoso dicionário cristalino, você estará mais preparado(a) para utilizar os cristais de maneira consciente e eficaz, aproveitando todo o seu potencial energético para criar uma vida mais equilibrada e plena.

Vamos começar juntos esta jornada mágica e cristalina!

COMO TUDO COMEÇOU?

Este livro surgiu da necessidade que eu observava entre meus alunos de conhecer e se aprofundar mais sobre os cristais. Ao longo dos anos, em praticamente todos os meus trabalhos, sempre utilizei a energia dos cristais como parte fundamental dos processos terapêuticos e espirituais. Durante esses momentos, percebi a curiosidade crescente dos meus alunos em entender mais profundamente as propriedades, as aplicações e os efeitos desses poderosos aliados.

Inicialmente comecei a escrever um *e-book*, um guia para auxiliar meus alunos, mas como me aprofundo em tudo que faço, percebi que não se tratava apenas de um *e-book*, mas, sim, de uma obra a ser consultada por todos que desejam entender melhor sobre os cristais, como cuidar deles e ativar seus potenciais.

Este livro é fruto de uma profunda e dedicada pesquisa, que mergulha nas obras de diversos autores renomados no estudo dos cristais e das energias sutis, assim como minhas percepções e *insights* sobre esse universo cristalino. Com o objetivo de sintetizar as informações mais valiosas e relevantes, busco apresentar um conhecimento acessível e ao mesmo tempo detalhado, que possa servir tanto para iniciantes quanto para praticantes mais experientes.

Através da união das sabedorias antigas e das descobertas modernas, este guia foi cuidadosamente elaborado para oferecer uma compreensão abrangente sobre o poder e a utilização dos cristais, que são considerados verdadeiros guardiões da sabedoria ancestral e estelar. Cada capítulo reflete a essência dessas joias da Terra, proporcionando ao leitor uma ferramenta poderosa para a transformação pessoal e a conexão espiritual.

A energia dos cristais, com sua sabedoria ancestral, sempre foi uma constante em minha jornada. Eu tinha enorme fascínio, mas, ao mesmo tempo, não sabia como estreitar meus laços com esse Reino. Ao longo dos anos fui me abrindo e compreendendo cada dia mais e mais. Hoje considero os cristais energias fundamentais em minha vida, no trabalho, na energia da humanidade e planeta como um todo. Seja no equilíbrio energético, na amplificação de intenções ou na proteção espiritual, os cristais têm desempenhado um papel vital na cura e no despertar de consciências.

Dessa forma, percebi que o fascínio pelo poder dos cristais é algo que, naturalmente, tem ressoado não só comigo, mas com muitos de vocês que acompanham meu trabalho. Com o tempo, ficou claro que havia uma demanda genuína por um guia mais completo e acessível a todos, que pudesse servir tanto como um manual prático quanto como um dicionário de consulta, com uma linguagem fácil e desmistificada de todo o processo. Este livro é o resultado desse desejo: um compêndio que reúne não apenas as propriedades energéticas e curativas dos cristais, mas também orientações detalhadas sobre como limpá-los, energizá-los e ativá-los.

Como tenho como premissa entregar sempre o melhor para todos, de forma completa e prática, ao longo do processo de escrita desta obra, resolvi ir além... criei também um oráculo de cristais - Portal de Ativação Cristalina, de forma que você, amado leitor, possa acessar um QR Code para o *download* do seu oráculo gratuitamente.

O Oráculo Portal de Ativação Cristalina poderá ser impresso em uma gráfica de sua confiança. Nesse oráculo você poderá se conectar com cada cristal e ativar sua energia tanto como forma oracular, como em meditações, associar a técnicas terapêuticas ou usando seu sentir, em suas múltiplas formas. Não existe certo, nem errado... Tudo é absolutamente perfeito e bem-vindo.

O QUE SÃO OS CRISTAIS?

Os cristais, ao contrário do que muitos acreditam, não são simples objetos inanimados, eles são considerados seres elementais cristalinos, dotados de uma consciência própria, que vibra em sintonia com as energias da Terra e do Universo. Esses seres cristalinos são compostos por uma estrutura molecular que lhes confere uma capacidade única de armazenar, amplificar e transmitir energias.

Cada cristal, com sua forma, cor e composição específicas, possui uma assinatura energética diferente e única, que ressoa com diversos aspectos da nossa própria energia e do ambiente. Como seres elementais, os cristais têm uma conexão profunda com os reinos da Natureza. Eles são formados ao longo de milhões de anos nas profundezas da Terra, absorvendo as forças elementares do fogo, da água, do ar, da terra e é claro, do éter. Essa conexão com os elementos faz com que os cristais atuem como intermediários entre o mundo físico e o espiritual, facilitando a harmonização das energias e a elevação da consciência.

Quando trabalhamos com cristais, estamos entrando em comunicação com esses seres elementais. Cada cristal, ao ser ativado e programado, responde à nossa intenção, ajudando-nos a manifestar nossos desejos, a curar desequilíbrios energéticos e a proteger nosso campo áurico. Essa interação se dá em um nível sutil, onde o cristal atua como um guardião e um amplificador das energias que estamos buscando trabalhar.

Os cristais, em sua essência, são mestres silenciosos que nos guiam no caminho do autoconhecimento e da transformação. Ao respeitarmos sua natureza como seres elementais, podemos acessar de forma mais profunda suas propriedades curativas e espirituais, permitindo que nos conduzam a um estado de equilíbrio e harmonia com o universo.

Conectando-se com os cristais: fisicamente e etericamente

Os cristais são presentes da Terra, carregando em suas formas físicas uma poderosa energia que interage com nosso campo energético, proporcionando cura, proteção e elevação espiritual.

Nesta parte, vamos explorar como você pode utilizar os cristais tanto em sua forma física quanto em sua forma etérica, aproveitando ao máximo o potencial energético que eles oferecem.

Nota: *forma etérica se refere a utilizar os cristais sem dispor do cristal fisicamente. Utiliza-se visualização, comando e intenção de ativar suas propriedades e potenciais.*

Diferença entre usar o cristal físico e etérico: poder e eficácia

Os cristais possuem uma longa história de uso em práticas espirituais, terapêuticas e esotéricas. A conexão com esses minerais preciosos pode ocorrer de duas maneiras principais:

- através do uso físico, em que você manipula e utiliza o cristal em sua forma material;
- e através do uso etérico, onde você trabalha com a energia do cristal de forma visualizada ou intencional, sem a necessidade de ter a pedra fisicamente.

Ambas as formas têm seus próprios poderes e eficácia, dependendo do objetivo e da prática do usuário.

Uso Físico dos Cristais

Quando você trabalha com cristais fisicamente, está lidando com a densidade e a energia intrínseca da pedra em seu estado natural. Cada cristal, em sua forma física, emite uma frequência vibracional única, que pode ser percebida, sentida e absorvida diretamente pelo corpo e pelo ambiente ao redor. A interação com o cristal físico permite uma conexão tangível, o que pode aumentar a percepção sensorial e a sensação de presença da energia do cristal.

A eficácia do uso físico dos cristais é amplamente reconhecida e pode ser imediata para muitas pessoas. Colocar um cristal sobre um chakra, por exemplo, permite que sua energia interaja diretamente com o centro de energia correspondente, promovendo alinhamento e cura. A eficácia também pode ser medida pelo tempo que o cristal está em contato com a pessoa ou o espaço, permitindo uma infusão constante de suas propriedades.

Vantagem de utilizar os cristais em sua forma física é a interação direta: o cristal físico pode ser tocado, sentido e posicionado exatamente onde é necessário. E a presença do cristal pode ser mais perceptível e reconfortante para aqueles que preferem uma abordagem prática e são mais racionais.

Como utilizar: pode ser utilizado em meditações, em ambientes, em contato com a pele (como em joias, ativações) ou em elixires, entre outras práticas.

Uso Etérico dos Cristais

O uso etérico dos cristais envolve trabalhar com a energia do cristal de forma sutil e intencional, sem a necessidade da presença física da pedra. Essa prática é fundamentada na ideia de que as propriedades vibracionais dos cristais podem ser acessadas através do pensamento, visualização e intenção. Como a energia não está limitada pelo espaço físico, o uso etérico dos cristais pode ser tão poderoso quanto o físico, dependendo da habilidade e sensibilidade do praticante.

A eficácia do uso etérico dos cristais está muito ligada à capacidade do praticante de visualizar e manter a intenção clara e, principalmente, confiar. Aqueles que têm uma forte conexão com a energia sutil podem sentir os efeitos dos cristais etéricos de forma tão eficaz quanto os físicos. Além disso, a prática etérica permite a flexibilidade de acessar a energia de qualquer cristal, mesmo que você não o tenha fisicamente disponível, mas sua energia é necessária.

Vantagens:

- Não requer a presença física do cristal, permitindo o acesso às energias de uma variedade maior de cristais.
- Pode ser realizado em qualquer lugar e a qualquer momento, apenas com a força da mente e da intenção.
- Pode se integrar com outras práticas. Facilmente combinado com meditações, trabalho energético e cura à distância.

COMPARANDO PODER E EFICÁCIA

"Nossas intenções são infinitas
– onde o coração aponta,
associado à sua intenção,
a energia se expande sem limites"

Poder: o poder do cristal físico está em sua presença tangível e na energia natural que ele emite, que pode ser sentida diretamente. O cristal etérico, por outro lado, depende mais do poder da mente, da intenção e da confiança para manifestar essa energia em seu máximo potencial. Enquanto o cristal físico emite uma vibração constante, o cristal etérico é "ativado" pela intenção consciente do praticante.

Eficácia: ambos os métodos são eficazes, mas de maneiras diferentes. O cristal físico pode ter uma eficácia mais imediata e sensorial, enquanto o cristal etérico depende mais da prática, da visualização e da capacidade do usuário de conectar-se com a energia sutil. Pessoas que são novas na prática energética podem achar o uso físico mais fácil de perceber, enquanto praticantes mais experientes podem acessar as energias etéricas com igual ou maior eficácia.

O uso dos cristais, tanto fisicamente quanto etericamente, oferece diferentes abordagens para aproveitar suas energias. O método que você escolher depende do seu nível de confiança, prática e necessidades específicas no momento. Enquanto o contato físico com o cristal pode proporcionar uma experiência mais direta e palpável, o trabalho etérico permite uma conexão energética profunda e versátil, sem as limitações do mundo físico, concreto e material.

Ambas as formas são poderosas e eficazes, e o verdadeiro poder está na sua intenção e na profundidade da sua conexão com essas energias sutis.

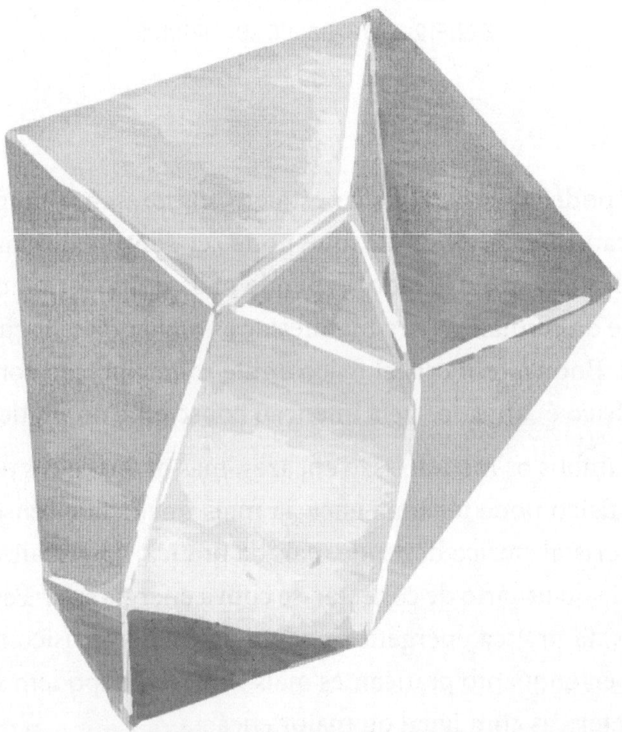

CONECTANDO-SE COM OS CRISTAIS ETÉRICOS

O PODER DA ENERGIA SEM FORMA FÍSICA

Os cristais têm sido reverenciados por milênios por suas propriedades curativas, protetoras e espirituais. No entanto, em um mundo onde a energia transcende o físico, você não precisa necessariamente possuir um cristal em mãos para beneficiar-se de suas qualidades. Aqui, vamos explorar como conectar-se com os cristais de forma etérica, acessando suas vibrações e atributos energéticos mesmo sem a presença física da pedra.

A Natureza dos Cristais e suas Energias

Cada cristal possui uma assinatura energética única que ressoa com diferentes aspectos do nosso ser – seja no nível mental, emocional ou espiritual. Essas vibrações são geradas pela estrutura interna dos cristais, que emitem frequências específicas e interagem com o campo energético ao seu redor.

Quando trabalhamos com cristais fisicamente, essas interações são tangíveis e diretas. Contudo, a energia não está limitada à presença física. As vibrações e propriedades dos cristais podem ser acessadas através da intenção, visualização, e conexão espiritual.

Como Conectar-se com a Energia Etérica dos Cristais

Conectar-se com cristais etéricos é um processo profundamente intuitivo que envolve a utilização da mente, da intenção e do espírito para acessar a frequência de um cristal específico. A seguir, descrevo algumas técnicas para acessar as energias dos cristais etéricos.

Visualização Criativa

A visualização é uma das ferramentas mais poderosas para trabalhar com cristais etéricos. Comece por se sentar em um lugar tranquilo e feche os olhos. Respire profundamente, permitindo que sua mente se acalme. Imagine o cristal que deseja conectar-se – visualize sua forma, cor e brilho. Sinta sua presença em sua mão ou em seu espaço áurico. Permita que a energia do cristal flua para você, sintonizando-se com suas qualidades específicas. Por exemplo, se estiver visualizando uma ametista, sinta a calma, a paz e a elevação espiritual que ela oferece.

Intenção Clara e Focada

A intenção é a base de qualquer trabalho energético. Defina uma intenção clara para o que você deseja alcançar ao conectar-se com o cristal etérico. Seja para cura, proteção, ampliação de consciência, ou outro propósito. Concentre-se nessa intenção ao visualizar o cristal, acreditando que ele já está presente em sua vida, oferecendo-lhe suas qualidades.

Meditação Guiada

A meditação guiada é uma excelente maneira de acessar a energia dos cristais etéricos. Você pode criar ou encontrar meditações guiadas específicas que o conduzam à presença de um cristal etérico. Durante a meditação, siga as instruções para visualizar e sentir o cristal, permitindo que sua mente e espírito se alinhem com suas vibrações. Isso pode ajudar a intensificar a conexão e tornar a experiência mais tangível.

Utilização de Afirmações

Afirmações poderosas podem ser usadas para sintonizar-se com a energia de um cristal específico. Por exemplo, ao trabalhar com a energia do Quartzo rosa, você pode repetir mentalmente ou em voz alta: "*Eu me conecto com a energia do amor incondicional e da cura emocional que o Quartzo rosa me oferece.*" Repita a afirmação várias vezes, sentindo como a energia do cristal flui para você e preenche seu campo energético. Neste livro você encontrará decretos canalizados por mim, para utilizar dessa forma, além das cartas do Oráculo Portal de Ativação Cristalino (disponível em QR Code para você fazer o *download* gratuitamente).

Desenhos e Mandalas de Cristais

Outra maneira de trabalhar com cristais etéricos é usar representações visuais, como desenhos ou mandalas. Desenhe o cristal ou use uma imagem que o represente, e concentre-se nela durante a meditação ou visualização. Deixe sua mente fluir sobre as qualidades do cristal, permitindo que a energia etérica dele penetre em seu campo energético. Você poderá utilizar o Oráculo dos Cristais, que acompanha este livro, para fazer as mandalas e visualizar (disponível em QR Code para você fazer o *download* gratuitamente).

Trabalhando com Cristais Etéricos nos Chakras

Os chakras são vórtices energéticos que regulam o fluxo de energia em nosso corpo físico, emocional e espiritual. Eles estão alinhados ao longo da coluna vertebral e cada um tem uma função específica, assim como influenciam diferentes aspectos da nossa vida. Quando estão equilibrados, promovem harmonia, bem-estar e conexão com nosso propósito mais elevado. No entanto, bloqueios nos chakras podem causar desafios emocionais, físicos e espirituais.

Trabalhar com cristais etéricos permite que você associe a energia das pedras aos seus chakras, mesmo sem tê-las fisicamente. Por exemplo, imagine uma labradorita etérica acima do seu terceiro olho, ajudando a expandir sua intuição e proteção espiritual. Visualize a energia fluindo para o chakra, equilibrando e harmonizando-o.

Os Sete Principais Chakras e suas Funções

Chakra Básico ou Raiz (Muladhara): Localizado na base da coluna, está ligado à segurança, estabilidade e conexão com a terra. Pode ser equilibrado com cristais como a hematita e o jaspe vermelho.

Chakra Sacral (Svadhisthana): Situado na região abaixo do umbigo, rege a criatividade, sexualidade e emoções. Cristais como a cornalina e a pedra da lua auxiliam na sua harmonização.

Chakra do Plexo Solar (Manipura): Localizado na região do estômago, está associado à autoconfiança, poder pessoal e motivação. O citrino e o olho de tigre ajudam a fortalecer esse centro energético.

Chakra do Coração (Anahata): No centro do peito, governa o amor, compaixão e equilíbrio emocional. Quartzo rosa e aventurina verde são ideais para esse chakra.

Chakra da Garganta (Vishuddha): Localizado na região da garganta, está ligado à comunicação e expressão pessoal. A turquesa e a sodalita auxiliam na clareza e autenticidade da voz.

Chakra do Terceiro Olho (Ajna): Entre as sobrancelhas, rege a intuição, percepção e visão interior. A ametista e a labradorita ajudam a ativar esse centro energético.

Chakra Coronário (Sahasrara): No topo da cabeça, conecta à espiritualidade e consciência superior. Cristais como a selenita e o quartzo transparente são indicados para sua elevação.

Além desses sete chakras principais, existem diversos chakras transpessoais (localizados fora da nossa estrutura física), como o Chakra Estrela da Alma, que facilita a conexão com dimensões superiores, e o Chakra Estrela da Terra, responsável pelo aterramento energético.

Ao visualizar os cristais etéricos posicionados sobre os chakras correspondentes, você fortalece sua conexão energética, promovendo equilíbrio e bem-estar. Além disso você poderá utilizar para esse trabalho também os Cristais do *Oráculo Portal de Ativação Cristalino* disponibilizados nesse livro para você imprimir.

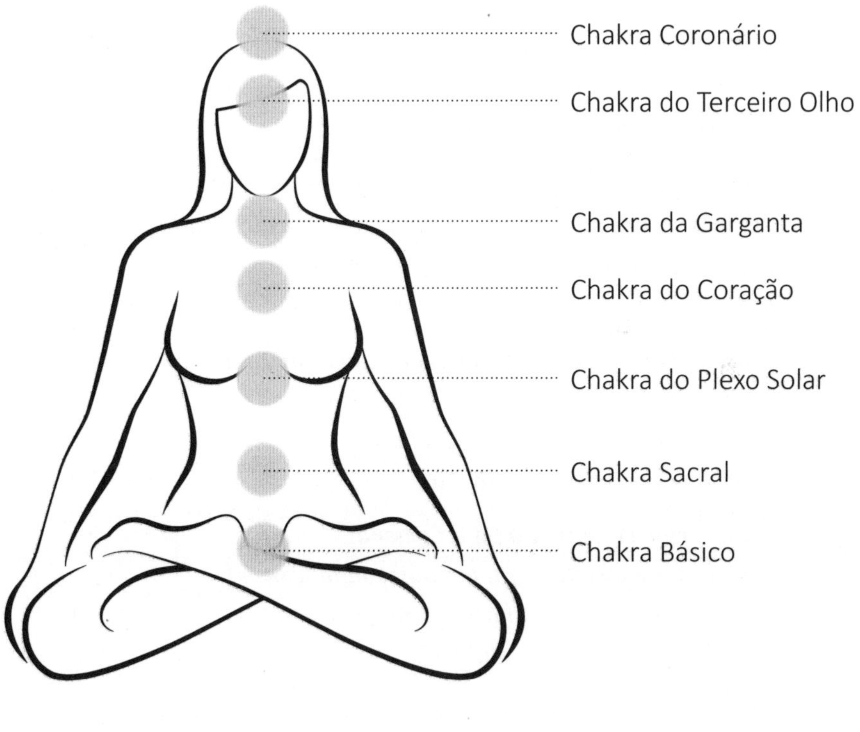

Como Usar Cristais Etéricos para Equilibrar os Chakras

Preparação e Conexão

Antes de iniciar o trabalho energético, crie um espaço tranquilo e siga os seguintes passos:

1. Respire profundamente, acalmando sua mente e corpo.
2. Visualize uma luz Azul Cobalto ao seu redor, protegendo seu campo energético.
3. Defina sua intenção para o trabalho com os cristais etéricos. Exemplos:

Para equilíbrio e alinhamento
"Que meus chakras estejam plenamente alinhados
e em harmonia, permitindo o livre fluxo de energia
pelo meu corpo e minha consciência."

Para limpeza energética
"Liberar agora toda energia estagnada e desequilibrada
dos meus chakras, permitindo que apenas a luz
e a harmonia fluam através de mim."

Para expansão da intuição e conexão espiritual
"Ativar e expandir minha percepção espiritual,
permitindo que minha intuição flua
com clareza e sabedoria divina."

Para fortalecimento do poder pessoal
"Despertar e fortalecer minha autoconfiança,
poder pessoal e determinação para
manifestar na minha realidade."

Para desbloqueio emocional e amor-próprio
"Ativar energias de amor, perdão
e compaixão, permitindo que eu receba
e compartilhe amor de forma plena."

Para comunicação clara e autêntica
"Permitir que eu expresse minha verdade com confiança e harmonia."

Para aterramento e segurança energética
"Ativar estabilidade, segurança e força para caminhar na vida com confiança."

Para cura profunda e renovação energética
"Restaurar meu corpo, mente e espírito com energias elevadas e puras."

Obs.: Essas intenções podem ser adaptadas conforme sua necessidade e aprofundadas durante o processo de visualização com os cristais etéricos.

4. Chame a energia do cristal desejado, mentalizando sua vibração e suas propriedades. (importante selecionar cristais compatíveis com a energia de cada chakra)

Posicionamento e Ativação dos Cristais Etéricos

Cada cristal etérico pode visualizado/ intencionado sobre um chakra específico, assim como você poderá utilizar as cartas do Oráculo Portal de Ativação Cristalino, ajudando a equilibrar e desbloquear sua energia. A seguir, veja como utilizar cristais etéricos em cada chakra:

Chakra Básico (Raiz) – Segurança e Estabilidade

Cristais Etéricos: Hematita, Granada, Rubi, Jaspe Vermelho, Onix, Quartzo Fumê.

Ativação: Visualize o cristal etérico ou posicione a carta do Oráculo na base da coluna, irradiando uma energia forte e estável, conectando você à Terra.

Chakra Sacral – Emoções e Criatividade

Cristais Etéricos: Cornalina, Âmbar, Ágata de Fogo, Olho de Tigre

Ativação: Imagine o cristal etérico ou posicione a carta do Oráculo girando suavemente abaixo do umbigo, liberando bloqueios emocionais e despertando a criatividade.

Chakra Plexo Solar – Poder Pessoal e Confiança

Cristais Etéricos: Citrino, Topázio Imperial, Olho de Tigre, Quartzo Enxofre, Pirita.

Ativação: Sinta o cristal etérico brilhando no centro do abdômen ou posicione a carta do Oráculo, ativando sua força interior e motivação.

Chakra Cardíaco – Amor e Equilíbrio

Cristais Etéricos: Quartzo Rosa, Esmeralda, Rodonita, Quartzo Verde, Amazonita, Aventurina, Unakita, Jade, Moldavita.

Ativação: Visualize o cristal etérico ou posicione a carta do Oráculo e intencione expandir uma luz rosa ou verde ao redor do coração, curando mágoas e fortalecendo o amor-próprio.

Chakra Laríngeo – Comunicação e Expressão

Cristais Etéricos: Calcedônia, Turquesa, Lápis-Lazúli, Água-Marinha, Angelita, Quartzo Azul, Cianita Azul, Celestita, Larimar.

Ativação: Imagine o cristal etérico ou posicione a carta do Oráculo e sinta vibrando sobre a garganta, desbloqueando a comunicação e permitindo que sua voz seja ouvida com verdade e clareza.

Chakra Frontal – Intuição e Percepção

Cristais Etéricos: Labradorita, Ametista, Quartzo Azul, Cianita Azul, Sodalita, Azurita, Turquesa, Lápis-Lazúli.

Ativação: Visualize o cristal etérico acima do terceiro olho ou posicione a carta do Oráculo, ativando sua intuição e ampliando sua percepção espiritual.

Chakra Coronário – Conexão Espiritual

Cristais Etéricos: Selenita, Quartzo Transparente, Ametrino, Ametista, quartzo Transparente, Quartzo Leitoso, Fluorita, Calcita, Apatita, Opala, Howlita, Sugilita.

Ativação: Imagine o cristal etérico ou posicione a carta do Oráculo e intencione irradiar luz branca, dourada ou violeta no topo da cabeça, conectando você ao universo e à sua sabedoria interior.

Encerramento

Após a ativação dos cristais etéricos, é essencial ancorar e harmonizar sua energia:

- Respire profundamente e sinta sua energia fluindo por todo o corpo. Visualize uma luz dourada envolvendo sua aura, selando o trabalho energético.
- Expresse gratidão aos cristais etéricos e ao seu campo energético. Retorne ao momento presente, sentindo-se equilibrado e fortalecido.

Sugestão de Tempo para Trabalhar com Cristais Etéricos em Cada Chakra

Sessão rápida: 5 a 7 minutos por chakra (ideal para alinhamento diário).

Sessão intermediária: 10 a 15 minutos por chakra (para um trabalho mais profundo).

Sessão completa: 20 a 30 minutos por chakra (para desbloqueios intensos ou reequilíbrio profundo).

A importância da intenção e confiança

Trabalhar com cristais etéricos requer confiança em seu poder interior e na energia sutil ao seu redor. A chave para uma conexão bem-sucedida é a clareza de intenção e a fé na capacidade de acessar essas energias. Com a prática, perceberá que as vibrações dos cristais etéricos podem ser tão poderosas quanto aquelas dos cristais físicos, permitindo que você utilize suas propriedades sempre que necessário, independentemente de ter a pedra em mãos.

Neste livro, enquanto exploramos os diversos cristais e suas propriedades, lembre-se de que você sempre pode acessar suas energias etéricas, para se conectar, ativar os decretos e incorporar as propriedades de cada um.

Nas próximas páginas você receberá as informações de cada cristal (em ordem alfabética), suas características a nível Mental, Emocional e Energético, assim como as variações de cores e seus atributos, formas de limpar e energizar cada um e um decreto de sintonização - lembrando que poderá ser utilizado com o cristal físico ou etérico.

Use as descrições, orientações e práticas sugeridas para sintonizar-se com esses poderosos aliados espirituais, expandindo seu trabalho energético de forma prática e acessível. Sejam eles físicos ou etéricos, os cristais estão disponíveis para apoiá-lo em sua jornada de cura, proteção e crescimento espiritual.

Permita-se!

O PODER DOS BANHOS COM CRISTAIS

Os cristais, além de suas poderosas propriedades de cura e harmonização energética, podem ser utilizados em banhos para amplificar ainda mais suas vibrações. Banhos com cristais são uma prática antiga, que une os elementos da água (que é uma poderosa condutora de energia), acrescido ao mineral (que possui intensas propriedades energéticas) com o objetivo de promover Limpeza, Harmonia e a propriedade disponível de cada cristal com suas características únicas.

A água, sendo uma excelente condutora de energia, carrega as vibrações dos cristais, permitindo que seus efeitos permeiem todo o campo áurico, com resultados no campo mental, emocional, energético físico.

Benefícios dos Banhos com Cristais

Os banhos com cristais ajudam a:

- Limpar e equilibrar a aura
- Purificar energias negativas acumuladas
- Relaxar o corpo físico, emocional e mental
- Fortalecer a conexão espiritual
- Aumentar o fluxo de prosperidade, amor e cura
- Ativar Proteção Espiritual

Cada cristal possui uma energia única e pode ser escolhido conforme a intenção desejada para o banho.

Mas atenção! Alguns cristais são sensíveis à água e, portanto, não poderão ficar submersos com risco de danificar. Essas informações você terá logo adiante em nosso detalhado guia.

Poderá aqui utilizar o Cristal em sua forma física ou colocar as cartas do Oráculo Portal de Ativação Cristalino embaixo de um copo/ jarra de vidro, intencionando que a energia daquele cristal escolhido imante energeticamente sua água, tanto para banhos, como para beber. Deixe de 30 min a 2h, conforme seu sentir.

Como Preparar um Banho com Cristais

A escolha dos cristais depende da intenção do banho. Abaixo estão alguns exemplos:

Quartzo Rosa: para atrair e fortalecer o amor-próprio, a harmonia e a energia do amor incondicional.

Ametista: para relaxamento, clareza mental, conexão espiritual, transmutar energias.

Citrino: para estimular a prosperidade, a criatividade e a energia vital.

Turmalina Negra: para proteção e purificação de energias negativas.

Purificação e energização dos Cristais

Antes de usar os cristais no banho, é importante limpá-los de possíveis energias e energizá-los para que estejam com o padrão vibracional alto e você possa sentir os benefícios. Você pode fazer isso utilizando um dos seguintes métodos:

Sal grosso: mergulhe os cristais em uma tigela com água e sal grosso por algumas horas (sempre verificando se o cristal pode ser limpo dessa forma). Depois enxague para tirar os resíduos do sal.

Luz solar ou lunar: energize os cristais à luz do Sol ou da Lua por algumas horas, dependendo da energia que você deseja atrair.

Drusa de Quartzo: pode deixar por algumas horas para energizar.

Enterrar o cristal: pode enterrar o cristal por algumas horas para receber energia.

Preparação do Banho

- Encha uma jarra de vidro com água e coloque os cristais escolhidos.
- Deixe-os ali por algumas horas (no mínimo 2), para que suas energias sejam transferidas para a água.
- Pegue a água da jarra, coloque em um balde e complete com a água do chuveiro.
- Após seu banho de higiene, despeje esse banho da cabeça aos pés ou do pescoço para baixo (como preferir). Intencionando seu objetivo associado ao poder único dos cristais que está utilizando. Sempre com coerência.
- Sua intenção e propósito são muito importantes. Esteja nesse banho já com uma mentalidade alinhada, faça respirações e vá se concentrando nas energias, fazendo respirações. Visualize a energia dos cristais sendo absorvida pela água e, conforme você relaxa, imagine essa energia penetrando cada célula do seu corpo. Faça uma oração ou decreto, afirmando a intenção do banho.

Exemplo de Decreto para Banho com Cristais

"Eu invoco as energias purificadoras e curativas dos cristais para que essa água me envolva em luz e equilíbrio. Que a energia do (nome do cristal) traga (amor, cura, proteção etc.), liberando toda negatividade e harmonizando meu corpo, mente e espírito. Assim é."

Tipos de Banho com Cristais

- **Banho de Purificação e Proteção** (com Turmalina Negra, Ônix ou Hematita): remove energias negativas e cria uma barreira protetora em torno do campo áurico. Tomar do pescoço para baixo com pedras escuras.
- **Banho de Amor e Harmonia** (com Quartzo Rosa e Rodonita): promove o amor-próprio, a harmonia nos relacionamentos e o equilíbrio emocional.
- **Banho de Prosperidade e Abundância** (com Citrino, Esmeralda ou Jade): atrai prosperidade, boa sorte e oportunidades.
- **Banho de Cura e Relaxamento** (com Ametista, Selenita ou Amazonita): acalma a mente, relaxa o corpo e cura feridas emocionais.

Dicas Importantes

Cuidado com Cristais Sensíveis à Água

Cristais como a Selenita, Calcita e outros porosos podem ser danificados na água, então é melhor evitá-los em banhos. Turmalina Negra bruta também dissolve na água. Use-os apenas ao redor da banheira, através do Oráculo Portal de Ativação Cristalino, ou em outros rituais.

Intenção é Tudo

Ao preparar o banho, lembre-se de que a energia que você coloca na preparação do ritual é fundamental para os resultados. Seja claro na sua intenção e sinta a energia dos cristais fluindo através da água para o seu corpo.

Os banhos com cristais são uma maneira poderosa de se reconectar com a energia da Terra e com seu próprio poder interior. Eles proporcionam um momento de autocuidado, relaxamento e renovação, ajudando a criar um espaço sagrado para a cura e o equilíbrio em sua vida diária.

A IMPORTÂNCIA DA PROGRAMAÇÃO DOS CRISTAIS

Aqui vem um passo importante, pois nos próximos capítulos falaremos sobre cada tipo de cristal, suas características específicas, como cada um pode te ajudar a nível mental, emocional e energético, além da forma correta para limpar e energizar cada um deles. Porém, de nada adianta você ter diversos cristais se não fizer uma programação em cada um deles. Essa programação deverá acontecer após o processo de limpeza e energização.

A programação de um cristal é um processo de sintonização entre a energia do cristal e a intenção de quem o utiliza. Embora os cristais já possuam uma vibração natural que interage com nosso campo energético, a programação permite que essa energia seja canalizada de maneira específica para um propósito ou intenção. Sem essa programação, os cristais podem atuar de forma mais dispersa, sem direcionamento claro, já que não existe um "acordo" explícito entre o cristal e quem o está usando.

A programação é, portanto, uma forma de estabelecer um "contrato energético" com o cristal, dizendo a ele qual é o seu propósito, como deve atuar e quais energias deve manifestar (considerando as características individuais de cada cristal, é claro). Esse processo é particularmente importante quando se busca resultados mais direcionados, como a proteção de um ambiente, a cura de emoções específicas, a amplificação de intenções de prosperidade ou até a conexão espiritual mais profunda.

Passo a Passo para Programar um Cristal

1. **Limpeza e Energização:** antes de programar qualquer cristal, é essencial garantir que ele esteja limpo e energizado. Isso significa remover todas as energias acumuladas ao longo do tempo e recarregar suas vibrações. O processo de limpeza e energização estará descrito para cada cristal, nas páginas adiante.

2. **Crie um Ambiente Calmo:** encontre um lugar tranquilo onde você possa se concentrar e estar em sintonia com a energia do cristal. Respire profundamente algumas vezes e acalme sua mente.

3. **Segure o Cristal em Suas Mãos:** mantenha o cristal entre as palmas das suas mãos, perto do coração ou do seu terceiro olho (chakra frontal), onde a conexão espiritual é mais forte. Feche os olhos e concentre-se na energia que emana do cristal, sentindo sua textura e temperatura.

4. **Estabeleça a Intenção:** pense naquilo que deseja que o cristal faça. Pode ser proteção, equilíbrio emocional, atração de prosperidade, amplificação da intuição, entre outros. Seja específico e claro em sua intenção. A programação é mais eficaz quando a intenção é expressa de maneira direta.

5. **Verbalize a Intenção:** diga em voz alta ou mentalmente algo como:

"Eu programo este (nome do cristal) para (intenção desejada). Que sua energia trabalhe comigo para (sua intenção), trazendo (características específicas como: proteção, clareza, prosperidade). Que esta programação permaneça ativa enquanto for necessária para o meu bem maior e o bem de todos ao meu redor. Assim é."

Essa verbalização cria uma espécie de "contrato energético" entre você e o cristal. Eu disponibilizo um decreto de ativação para cada cristal, mas você é livre para ampliar meu decreto, incluir novas intenções ou formular uma intenção exclusivamente sua. Use o seu sentir e intenção.

6. **Visualize a Energia Fluindo:** imagine uma luz envolvendo o cristal e se expandindo para o seu corpo e o ambiente, carregando sua intenção com força e clareza. Visualize essa energia vibrando em sintonia com a programação que você definiu.

7. **Agradeça ao Cristal:** agradecer ao cristal pelo seu auxílio é uma forma de honrar sua energia. Esse gesto de gratidão fortalece ainda mais a conexão entre você e o cristal.

Reforçando a Programação

A programação de um cristal não precisa ser definitiva. Ao longo do tempo, pode ser necessário reforçar a intenção ou mesmo reprogramar o cristal para um novo propósito (sempre após nova limpeza e energização).

Sempre que sentir que a energia do cristal está diminuindo ou que seu foco mudou, faça uma nova limpeza, energização e programe-o novamente. Essa prática mantém a energia do cristal renovada e alinhada com suas necessidades atuais.

O Papel dos Cristais como Parceiros Energéticos

Lembre-se: os cristais são parceiros energéticos, e essa parceria se fortalece com a programação. Eles não atuarão de forma plena se não houver um direcionamento claro, um "acordo" que alinhe sua energia à sua intenção. Por isso, tratar os cristais com respeito e cuidado, mantendo-os sempre limpos, energizados e programados, é a chave para extrair todo o seu potencial transformador.

Ao estabelecer essa conexão e alinhar suas intenções com os cristais, você abrirá um canal de manifestação e cura que é poderoso, profundo e sagrado. É uma parceria que reflete o compromisso mútuo entre você e os seres cristalinos, que são guardiões da sabedoria antiga e mensageiros das energias da Terra e do cosmos.

ORÁCULO DOS CRISTAIS

Escaneie o QR Code abaixo e tenha acesso a um Oráculo exclusivo com 55 cards dos cristais descritos neste livro.

Ideal para ampliar sua conexão com as energias cristalinas, esse oráculo pode ser impresso e utilizado em suas práticas terapêuticas, no equilíbrio dos chakras ou até mesmo de forma etérica, alinhando-se aos decretos de ativação presentes na abordagem de cada cristal. Deixe que a sabedoria dos cristais direcione suas intenções e práticas, ampliando seu poder de cura e transformação.

Atenção: O Oráculo Portal de Ativação Cristalino é parte integrante desse livro e é destinado exclusivamente aos leitores para que façam sua própria impressão. Os direitos autorais pertencem a Michelle Gil, e sua reprodução, comercialização ou compartilhamento parcial ou integral, está expressamente proibida, conforme legislação vigente. Valorize o trabalho autoral com ética e desfrute dessa ferramenta como um presente para seu caminho espiritual.

O Oráculo Portal de Ativação Cristalino é um presente especial para você, amado leitor! Para acessá-lo, basta apontar a câmera do seu celular para o QR CODE, digitar a senha 888 e baixar seu Oráculo. Você pode utilizá-lo digitalmente ou imprimi-lo em uma gráfica de sua preferência para potencializar sua experiência.

DICIONÁRIO DOS CRISTAIS

SEU GUIA PODEROSO

• ÁGATA •

A Ágata é conhecida como a "Pedra da Estabilidade" devido à sua capacidade de promover equilíbrio mental, emocional e energético. Com sua energia suave e harmonizadora, a ágata é amplamente utilizada para fortalecer a autoconfiança, dissipar confusões mentais e proporcionar clareza em momentos de desafios. Este cristal é um poderoso aliado para quem busca estabilidade emocional, proteção contra energias negativas e conexão com a energia da Terra. Além de suas propriedades de ancoramento, a ágata também auxilia na harmonização dos chakras, promovendo um fluxo de energia equilibrado por todo o corpo.

CARACTERÍSTICAS MENTAIS

A Ágata é uma pedra poderosa conhecida por sua capacidade de promover a estabilidade mental e o equilíbrio. Auxilia na organização dos pensamentos, melhorando a concentração e facilitando a tomada de decisões. A ágata é especialmente útil em momentos de tensão mental ou quando há necessidade de foco em tarefas desafiadoras. Também ajuda a dissipar confusões mentais, proporcionando clareza e uma abordagem mais lógica para resolver problemas. A Ágata é conhecida por fortalecer a autoconfiança e promover uma perspectiva mental mais positiva.

CARACTERÍSTICAS EMOCIONAIS

A Ágata é uma pedra de grande conforto e suporte. Promove estabilidade emocional, ajudando a suavizar a irritabilidade e a reduzir o estresse. A Ágata é conhecida por sua capacidade de curar mágoas emocionais profundas, promovendo o perdão e a aceitação. Ela também incentiva a autocompaixão e a autovalorização, sendo uma aliada poderosa para aqueles que lutam com baixa autoestima. A energia suave e calmante da ágata ajuda a manter o equilíbrio emocional em tempos de desafios, proporcionando uma sensação de paz e segurança.

CARACTERÍSTICAS ENERGÉTICAS

A Ágata é uma pedra de proteção que cria um escudo ao redor do corpo, afastando energias negativas. Equilibra as energias *yin* e *yang*, estabilizando a aura e harmonizando os corpos físico, emocional e espiritual. É conhecida por ancorar as energias e inspirar força em tempos de dificuldade. Ajuda a conectar-se com a Terra, promovendo um senso de segurança e estabilidade. Além disso, a Ágata é eficaz na limpeza e revitalização dos chakras, especialmente quando usada diretamente sobre eles.

VARIAÇÕES DE COR

Ágata Azul: estimula a expressão clara e a comunicação verdadeira, promovendo a paz mental. Ajuda a acalmar emoções intensas e a aliviar o estresse emocional. Conecta-se ao chakra laríngeo, facilitando a comunicação e a expressão da verdade interior.

Ágata Vermelha: promove a força de vontade e a motivação, auxiliando na superação de desafios mentais. Estimula a coragem e a confiança emocional, ajudando a superar medos e inseguranças. Conectada ao chakra básico, a ágata vermelha aumenta a energia vital e proporciona uma sensação de segurança.

Ágata Verde: promove pensamentos equilibrados e uma mente calma, facilitando a cura mental, e a cura emocional, assim como auxilia na liberação de ressentimentos e inveja. Conecta-se ao chakra cardíaco, promovendo a cura e o equilíbrio emocional.

LIMPEZA DA ÁGATA

Água Corrente: segure a Ágata sob água corrente, como de uma torneira, por cerca de um minuto. Visualize todas as energias negativas sendo lavadas enquanto a pedra é purificada. A água natural, como a de um rio ou mar, também é ideal, mas não indispensável.

Sal Grosso: coloque a Ágata em um recipiente com água e uma pequena quantidade de sal grosso. Deixe-a submersa por algumas horas para uma limpeza mais profunda. Certifique-se de enxaguar a pedra em água limpa após o processo.

Defumação: passe a Ágata pela fumaça de sálvia, incenso ou Palo Santo. Este método é suave e ajuda a remover qualquer energia negativa acumulada na pedra.

ENERGIZAÇÃO DA ÁGATA

Luz Solar: coloque a Ágata sob a luz do Sol por até uma hora, preferencialmente na parte da manhã. A luz solar recarrega a pedra com energia vibrante, mas evite exposição prolongada para preservar sua cor.

Luz da Lua: para uma energização mais suave, coloque a Ágata sob a luz da Lua, especialmente durante a Lua Cheia. Isso ajuda a revitalizar a pedra com uma energia mais tranquila e equilibrada.

Contato com a Terra: enterre a Ágata em um jardim ou vaso de plantas por algumas horas. A energia da terra é especialmente revitalizante para a ágata, ajudando a recarregar suas propriedades de proteção e equilíbrio.

DECRETO DE ATIVAÇÃO – ÁGATA

Para ativar o poder da Ágata, segure o cristal em suas mãos (ou visualize etericamente), feche os olhos e respire profundamente. Visualize uma luz suave e multicolorida envolvendo o cristal e todo o seu corpo, trazendo equilíbrio, força e proteção. Conecte-se com a energia estabilizadora e curativa da Ágata, e recite o seguinte decreto:

"Eu invoco a sagrada energia da Ágata.
Que sua vibração de equilíbrio, estabilidade e proteção envolva meu ser.
Que minha mente se torne clara, meu coração se encha
de paz e minha aura se fortaleça com a sua poderosa energia.
Eu estou ancorado na Terra, seguro em meu espaço,
e protegido de todas as negatividades. Assim é!"

Este decreto pode ser repetido diariamente ou sempre que você sentir a necessidade de conectar-se com a energia da Ágata. Ao recitá-lo, visualize a cor da ágata com a qual está trabalhando (azul, vermelha, verde etc.). Deixe a cor envolvê-lo, trazendo as qualidades associadas a ela para sua vida.

• ÁGATA DE FOGO •

A Ágata de Fogo é conhecida como a "Pedra da Coragem" por sua capacidade de estimular a força interior, a determinação e a energia vital. Com sua coloração intensa, este cristal é amplamente utilizado para promover o foco mental, aumentar a autoconfiança e dissipar medos e inseguranças. Além de fortalecer a mente e as emoções, a Ágata de Fogo cria um escudo energético poderoso, protegendo contra influências negativas e promovendo uma conexão profunda com a energia da Terra. Sua atuação nos chakras raiz e plexo solar a torna uma aliada essencial para quem busca motivação, equilíbrio e prosperidade.

CARACTERÍSTICAS MENTAIS

A Ágata de Fogo é uma pedra que fortalece a mente, ajudando a aumentar a clareza mental e o foco. Ela é conhecida por estimular a determinação e a força de vontade, especialmente em momentos de desafio ou quando é necessário superar obstáculos. A Ágata de Fogo auxilia na dissipação de medos e pensamentos negativos, substituindo-os por uma mentalidade mais positiva e corajosa. Este cristal também é útil para quem precisa de motivação e energia mental para perseguir metas e ambições.

CARACTERÍSTICAS EMOCIONAIS

É uma pedra poderosa para promover coragem e segurança. Ajuda a superar a ansiedade e a insegurança, proporcionando uma sensação de força interior. Este cristal também é conhecido por sua capacidade de estabilizar as emoções, ajudando a pessoa a se manter calma e centrada em situações emocionalmente carregadas. A Ágata de Fogo inspira autoconfiança e uma atitude positiva, auxiliando na superação de traumas emocionais e no fortalecimento do espírito.

CARACTERÍSTICAS ENERGÉTICAS

É um cristal de proteção e vitalidade. Cria um escudo energético ao redor do corpo, afastando energias negativas e influências externas indesejadas. Conectada ao chakra raiz e ao plexo solar, a Ágata de Fogo promove a ancoragem, o equilíbrio energético e a conexão com a Terra. Este cristal também aumenta a energia vital, proporcionando vigor físico e emocional, além de atrair prosperidade e sucesso em empreendimentos.

VARIAÇÕES DE COR

Ágata de Fogo Vermelha: estimula a clareza mental e a força de vontade, promovendo uma mente focada e determinada. Aumenta a coragem e a autoconfiança, ajudando a superar medos e inseguranças. Fortalece o chakra básico, proporcionando ancoragem e energia vital.

Ágata de Fogo Amarela: promove a clareza mental e o pensamento positivo, auxiliando na superação de confusões mentais. Ajuda a liberar a ansiedade e a instabilidade emocional, proporcionando paz e segurança. Conectada ao plexo solar, a Ágata de Fogo Amarela aumenta a confiança e o poder pessoal.

LIMPEZA DA ÁGATA DE FOGO

Água Corrente: segure a Ágata de Fogo sob água corrente por cerca de um minuto. Imagine todas as energias negativas sendo levadas pela água enquanto a pedra é purificada.

Sal Grosso: coloque a Ágata de Fogo em um recipiente com água e uma pequena quantidade de sal grosso. Deixe-a submersa por algumas horas para uma limpeza mais profunda. Após esse tempo, enxágue a pedra em água limpa para remover qualquer resíduo de sal.

Defumação: passe a Ágata de Fogo pela fumaça de sálvia, incenso ou Palo Santo. Este método ajuda a limpar a pedra de energias negativas de uma forma mais sutil.

ENERGIZAÇÃO DA ÁGATA DE FOGO

Luz Solar: coloque a Ágata de Fogo sob a luz do Sol por até uma hora, preferencialmente na parte da manhã. A luz solar recarrega a pedra com energia vibrante, mas evite exposição prolongada para preservar sua cor.

Luz da Lua: para uma energização mais suave, coloque a Ágata de Fogo sob a luz da Lua, especialmente durante a Lua Cheia. Isso ajuda a revitalizar a pedra com uma energia mais tranquila e equilibrada.

Contato com a Terra: enterre a Ágata de Fogo em um jardim ou vaso de plantas por algumas horas. A energia da terra é especialmente revitalizante para a ágata, ajudando a recarregar suas propriedades de proteção e equilíbrio.

DECRETO DE ATIVAÇÃO – ÁGATA DE FOGO

Para ativar o poder da Ágata de Fogo, segure o cristal em suas mãos (ou visualize etericamente), feche os olhos e respire profundamente. Visualize uma chama vibrante e protetora envolvendo o cristal e seu corpo, conectando-se à energia da vitalidade, coragem e proteção. Recite o seguinte decreto:

"Eu invoco a poderosa energia da Ágata de Fogo. Que sua chama de coragem, proteção e vitalidade acenda meu espírito e energia. Que minha mente seja clara, meu coração corajoso, e minha energia fortalecida. Eu estou protegido e ancorado, irradiando poder e confiança. Assim é!"

Recitar este decreto diariamente ou em momentos em que você precisa de um impulso de coragem e energia pode ser extremamente benéfico. Visualize a cor vibrante da Ágata de Fogo envolvendo você, preenchendo-o com força e determinação para enfrentar qualquer desafio que surgir em seu caminho.

• ÁGUA-MARINHA •

A Água-Marinha é conhecida como a "Pedra da Serenidade" por sua capacidade de acalmar a mente, equilibrar as emoções e promover uma comunicação clara e verdadeira. Possui uma energia suave e fluida, este cristal é amplamente utilizado para dissipar o estresse, estimular o raciocínio lógico e facilitar a expressão da verdade interior. Fortemente conectada ao chakra laríngeo, a água-marinha é uma aliada poderosa para quem busca melhorar a comunicação, lidar com desafios emocionais e encontrar paz interior. Além disso, sua vibração protetora e purificadora promove uma conexão mais profunda com o mundo espiritual e com a própria essência.

CARACTERÍSTICAS MENTAIS

A Água-Marinha é conhecida por sua capacidade de promover clareza mental e uma mente tranquila. Este cristal é ideal para dissipar pensamentos confusos e trazer uma perspectiva mais serena e objetiva às situações. Estimula a comunicação eficaz, ajudando na expressão de pensamentos e ideias de forma clara e assertiva. É uma pedra que facilita o aprendizado, a introspecção e a resolução de problemas, tornando-se uma aliada poderosa em momentos que exigem discernimento e raciocínio lógico.

CARACTERÍSTICAS EMOCIONAIS

A Água-Marinha é um cristal altamente calmante, capaz de suavizar tensões e aliviar o estresse. Ajuda a liberar medos e fobias, promovendo uma sensação de paz interior e segurança. A Água-Marinha é especialmente útil para pessoas que são emocionalmente sensíveis, ajudando-as a lidar com mudanças e transições com maior equilíbrio e serenidade. Este cristal também é conhecido por facilitar a cura de traumas emocionais antigos, promovendo a liberação de emoções reprimidas e trazendo alívio para o coração.

CARACTERÍSTICAS ENERGÉTICAS

Ela está profundamente conectada ao chakra laríngeo, facilitando a comunicação clara e a expressão da verdade interior. Também está associada ao chakra cardíaco, promovendo a harmonia entre as emoções e a mente. A Água-Marinha tem uma vibração suave e fluida, que promove a adaptação e a aceitação das mudanças na vida. Este cristal também é conhecido por proteger contra energias negativas, especialmente durante viagens, e por promover uma conexão mais profunda com o mundo espiritual.

VARIAÇÕES DE COR

Água-Marinha Azul-claro: facilita a comunicação clara e a resolução de conflitos, promovendo uma mente serena e focada. Alivia o estresse e a ansiedade, proporcionando uma sensação de paz e calma. Conectada ao chakra laríngeo, esta variação promove a expressão sincera e a verdade interior.

Água-Marinha Verde-azulado: estimula a introspecção e a sabedoria interior, ajudando na resolução de questões complexas. Facilita a cura emocional profunda, especialmente relacionada ao amor e às relações afetivas. Conectada tanto ao chakra laríngeo quanto ao do coração, promove a harmonia emocional e a conexão espiritual.

LIMPEZA DA ÁGUA-MARINHA

Água Corrente: a maneira mais comum de limpar a Água-Marinha é segurá-la sob água corrente por cerca de um minuto. Imagine as energias negativas sendo lavadas pela água enquanto a pedra é purificada.

Água Salgada: Coloque a Água-Marinha em um recipiente com água e uma pequena quantidade de sal grosso (pouco). Deixe-a submersa por poucas horas. Este método é ideal para uma limpeza mais profunda, mas evite o uso excessivo para não desgastar a pedra. Após o processo, enxágue bem em água corrente para remover qualquer resíduo de sal.

Defumação: passe a Água-Marinha pela fumaça de incenso, sálvia ou Palo Santo. A defumação é uma forma suave de limpar a pedra, removendo as energias negativas e purificando seu campo energético.

ENERGIZAÇÃO DA ÁGUA MARINHA

Luz Solar: Coloque a água-marinha sob a luz do Sol por até 30 minutos, preferencialmente nas primeiras horas da manhã ou no final da tarde. A luz solar suave recarrega o cristal com uma energia mais vibrante, trazendo vitalidade e clareza. Evite exposição prolongada para preservar sua cor e brilho.

Luz da Lua: Para uma energização mais suave, coloque a água-marinha sob a luz da Lua, especialmente durante a Lua Cheia. Isso ajuda a revitalizar o cristal com uma energia tranquila e harmonizadora, potencializando suas propriedades de serenidade e conexão emocional.

Contato com a Terra: Enterre a água-marinha em um jardim ou vaso de plantas por algumas horas. A energia da Terra é revitalizante e ajuda a recarregar o cristal, promovendo equilíbrio emocional e estabilidade energética.

DECRETO DE ATIVAÇÃO – ÁGUA-MARINHA

Para ativar o poder da Água-Marinha, segure-a em suas mãos (ou visualize etericamente), feche os olhos e respire profundamente. Visualize uma luz azul-clara e límpida fluindo pelo cristal e ao seu redor, conectando-se à energia da paz, clareza e expressão autêntica. Recite o seguinte decreto:

**"Eu invoco a energia serena e calmante da Água-Marinha.
Que sua clareza mental, paz emocional e proteção energética me envolvam agora. Eu expresso minha verdade com amor e compaixão, e navego pelas correntes da vida com confiança e serenidade.
Que a Água-Marinha traga luz ao meu coração e clareza à minha mente. Assim é!"**

Recitar este decreto diariamente, ou sempre que sentir necessidade de clareza mental, paz emocional ou proteção energética, ajudará a fortalecer sua conexão com a energia da Água-Marinha. Visualize a cor azul-clara ou verde-azulada fluindo como uma corrente de água calma, limpando e equilibrando sua mente e emoções.

• AMAZONITA •

A Amazonita é conhecida como a "Pedra da Verdade" devido à sua capacidade de promover a comunicação da verdade interior, o equilíbrio emocional e a expressão da verdadeira essência de cada um. Irradia uma energia suave e ao mesmo tempo fortalecedora, este cristal é amplamente utilizado para acalmar a mente, estimular a clareza de pensamento e facilitar a expressão sincera dos sentimentos. Conectada aos chakras do coração e da garganta, a amazonita harmoniza emoções e palavras, promovendo paz interior e relações mais equilibradas. Além disso, é um poderoso escudo contra energias negativas e influências externas indesejadas.

CARACTERÍSTICAS MENTAIS

A Amazonita é uma pedra profundamente ligada à verdade e à comunicação. Mentalmente, ela atua como um filtro que ajuda a acalmar o cérebro e o sistema nervoso, facilitando a clareza de pensamento e a organização das ideias. É conhecida por promover a sinceridade e a honestidade, incentivando a expressão da verdade interior com compaixão. Este cristal é especialmente útil para aqueles que enfrentam situações desafiadoras onde é necessário falar a verdade ou expressar sentimentos difíceis.

CARACTERÍSTICAS EMOCIONAIS

No campo emocional, a Amazonita é uma pedra que acalma e suaviza emoções turbulentas. É excelente para aliviar traumas emocionais, trazendo um senso de paz e equilíbrio. A Amazonita ajuda a dissipar a energia negativa e a reduzir o medo e a ansiedade, promovendo a autoconfiança e o amor-próprio. Este cristal é particularmente eficaz para aqueles que lidam com sentimentos de rejeição ou medo de julgamento, proporcionando um espaço seguro para a cura emocional.

CARACTERÍSTICAS ENERGÉTICAS

A Amazonita está conectada ao chakra cardíaco, promovendo a harmonia emocional e o equilíbrio energético. Também está fortemente ligada ao chakra laríngeo, facilitando a comunicação sincera e amorosa. A Amazonita equilibra as energias masculinas e femininas, ajudando a harmonizar os relacionamentos e a promover a paz interior. Este cristal também é conhecido por proteger contra energias eletromagnéticas e poluição ambiental, criando um escudo protetor ao redor da aura.

VARIAÇÕES DE COR

Amazonita Azulada: estimula a comunicação clara e eficaz, especialmente em situações em que é necessário falar a verdade. Facilita a liberação de traumas emocionais e reduz a ansiedade e o medo. Conectada ao chakra laríngeo, promove a expressão sincera e amorosa.

Amazonita Verde: promove o pensamento claro e a resolução de problemas com compaixão e compreensão. Ajuda a curar feridas emocionais e a fortalecer a autoconfiança e o amor-próprio. Conectada ao chakra cardíaco, promove a harmonia emocional e o equilíbrio energético.

LIMPEZA DA AMAZONITA

Água Corrente: a maneira mais simples de limpar a Amazonita é segurá-la sob água corrente, como de uma torneira ou um riacho. Deixe a água correr envolvendo a pedra por alguns minutos enquanto visualiza as energias negativas sendo levadas.

Água Salgada: você pode usar uma solução de água salgada leve para limpar a Amazonita. Dissolva uma pequena quantidade de sal em água e deixe a pedra submersa por algumas horas. Certifique-se de enxaguar bem a Amazonita com água corrente após a imersão para remover qualquer resíduo de sal.

Defumação: Defume a Amazonita com a fumaça de sálvia, incenso ou Palo Santo para purificá-la energeticamente. Passe a pedra pela fumaça por alguns minutos, concentrando-se na intenção de limpeza.

ENERGIZAÇÃO DA AMAZONITA

Luz da Lua: coloque a Amazonita sob a luz da Lua, preferencialmente durante a Lua Cheia, para recarregar suas energias. Deixe-a exposta à luz lunar por algumas horas ou durante toda a noite.

Luz do Sol: energize a Amazonita sob a luz suave do Sol pela manhã, evitando a exposição prolongada, pois a luz solar intensa pode desbotar sua cor.

Contato com a Natureza: coloque a Amazonita em um jardim ou próximo a plantas para absorver a energia vital da Terra. Deixar a pedra em contato com a terra ou entre flores pode reequilibrar suas energias de maneira suave e natural. Esses métodos ajudam a manter a Amazonita limpa e energeticamente revitalizada, pronta para uso em práticas terapêuticas ou espirituais.

DECRETO DE ATIVAÇÃO – AMAZONITA

Para ativar o poder da Amazonita, segure o cristal em suas mãos (ou visualize etericamente), feche os olhos e respire profundamente. Visualize uma luz verde-azulada brilhante fluindo pelo cristal e ao seu redor, trazendo harmonia, equilíbrio e proteção. Recite o seguinte decreto:

"Eu invoco a energia harmonizadora e protetora da Amazonita.
Que sua clareza mental, cura emocional e
proteção energética me envolvam agora.
Eu expresso minha verdade com amor e integridade,
e navego pelas emoções com coragem e compaixão.
Que a Amazonita traga equilíbrio ao meu
coração e clareza à minha voz.
Assim é!"

Recitar este decreto diariamente, ou sempre que sentir necessidade de expressar sua verdade ou de equilibrar suas emoções, ajudará a fortalecer sua conexão com a energia da Amazonita. Visualize a cor azulada ou verde brilhando em seu coração e garganta, promovendo a cura, o equilíbrio e a expressão sincera.

• ÂMBAR •

O Âmbar é conhecido como a "Pedra da Luz e da Renovação" pela sua capacidade de estimular a clareza mental, fortalecer a vitalidade e transmutar energias negativas. Embora não seja um cristal, mas sim uma resina fossilizada, o âmbar possui uma energia poderosa que auxilia na purificação do corpo e da mente, promovendo equilíbrio e bem-estar. Este poderoso aliado energético fortalece a autoconfiança, desperta a sabedoria interior e atua como um escudo protetor contra influências externas. Sua conexão com o plexo solar traz força de vontade, motivação e prosperidade.

CARACTERÍSTICAS MENTAIS

O Âmbar é conhecido por sua capacidade de estimular a clareza mental e a sabedoria. Promove a absorção de conhecimento e facilita a tomada de decisões. O Âmbar encoraja uma mentalidade positiva, ajudando a superar pensamentos negativos e promovendo uma atitude focada no progresso e na realização pessoal. É uma excelente pedra para aqueles que precisam de motivação para iniciar novos projetos ou para aqueles que desejam aprofundar seu entendimento sobre questões complexas.

CARACTERÍSTICAS EMOCIONAIS

É um cristal de cura e purificação. Ele é especialmente eficaz para aliviar o estresse, reduzir a ansiedade e promover uma sensação de bem-estar e paz interior. O Âmbar ajuda a liberar traumas emocionais antigos e a curar feridas emocionais profundas, promovendo a aceitação e o amor-próprio. É uma pedra que também traz à tona memórias reprimidas, permitindo que sejam processadas e curadas.

CARACTERÍSTICAS ENERGÉTICAS

O Âmbar é uma resina fossilizada, mas possui poderosas propriedades energéticas. É altamente protetor, transmutando energias negativas em positivas e criando um escudo energético ao redor do corpo. O Âmbar está conectado ao chakra do plexo solar, fortalecendo a autoconfiança, a vitalidade e a força de vontade. Além disso, o Âmbar é conhecido por sua capacidade de atrair sorte e prosperidade, bem como por sua habilidade de estimular o corpo físico e a regeneração celular.

VARIAÇÕES DE COR

Âmbar Amarelo-claro: promove clareza mental e a capacidade de tomar decisões com confiança. Reduz o estresse e a ansiedade, trazendo uma sensação de bem-estar. Conectado ao chakra do plexo solar, estimula a autoconfiança e a força de vontade.

Âmbar Vermelho: estimula a mente a se focar em objetivos, promovendo a determinação. Aumenta a coragem e ajuda a superar medos profundos. Conectado ao chakra raiz, promove a vitalidade física e a conexão com a Terra.

LIMPEZA DO ÂMBAR

O âmbar é uma resina fossilizada e, por isso, é bastante sensível a produtos químicos, calor extremo e abrasivos. Para limpar o âmbar de forma segura:

Limpeza com Pano Macio: utilize um pano macio e seco ou levemente umedecido com água morna. Passe delicadamente sobre a superfície do Âmbar para remover poeira e sujeira.

Evite Água Salgada e Produtos Químicos: nunca use água salgada, sal grosso ou produtos químicos agressivos, pois podem danificar o âmbar, tornando-o opaco e quebradiço.

Defumação: defume com a fumaça de sálvia, incenso ou Palo Santo para purificá-lo energeticamente. Passe a pedra pela fumaça por alguns minutos, concentrando-se na intenção de limpeza.

ENERGIZAÇÃO DO ÂMBAR

Luz Solar Suave: coloque o Âmbar sob a luz suave do Sol por cerca de 30 minutos, preferencialmente durante as primeiras horas da manhã. Evite exposição prolongada à luz solar direta e intensa, pois o calor pode causar rachaduras ou desbotamento.

Energia da Terra: coloque o Âmbar sobre a terra ou no jardim por algumas horas. A terra ajudará a recarregar o âmbar com energia natural.

DECRETO DE ATIVAÇÃO ÂMBAR

Para ativar o poder do Âmbar, segure o cristal em suas mãos ou visualize etericamente, feche os olhos e respire profundamente. Visualize uma luz dourada e radiante envolvendo o cristal e se expandindo ao seu redor, trazendo cura, proteção e vitalidade. Recite o seguinte decreto:

"Eu ativo a força e a proteção do Âmbar para dentro de mim. Que sua clareza mental, cura emocional e poder protetor me envolvam agora. Eu sou um canal de energia positiva, transmutando qualquer negatividade em luz e confiança. O Âmbar me fortalece, me motiva e me guia no caminho do sucesso e da paz interior. Assim é!"

Recitar este decreto, enquanto segura ou visualiza o Âmbar, ajudará a intensificar suas propriedades. Visualize sua cor brilhante irradiando em seu plexo solar (ou chakra raiz, se estiver usando Âmbar Vermelho), promovendo equilíbrio, proteção e vitalidade em todos os níveis do seu ser.

• AMETISTA •

A Ametista é conhecida como a "Pedra da Espiritualidade" devido à sua forte conexão com a intuição, a elevação da consciência e a proteção energética. Sua energia promove clareza mental, dissipando pensamentos confusos e auxiliando na tomada de decisões com clareza e discernimento. É muito utilizada para meditação e expansão espiritual, a ametista fortalece a conexão com planos superiores e facilita a transmutação de energias densas em vibrações mais refinadas. Além de sua influência no campo mental, este cristal é um poderoso aliado para a purificação emocional e a proteção contra influências negativas.

CARACTERÍSTICAS MENTAIS

A Ametista é conhecida por sua capacidade de acalmar a mente e promover uma clareza mental superior. Ajuda a dissipar confusões e a reduzir a névoa mental, tornando-a ideal para meditação e tomada de decisões importantes. Este cristal é um amplificador da intuição, ajudando a sintonizar-se com *insights* internos e a acessar a sabedoria espiritual. A ametista facilita a abertura do terceiro olho, promovendo a visão interior e a compreensão profunda.

CARACTERÍSTICAS EMOCIONAIS

A Ametista é um calmante natural, proporcionando uma sensação de paz e serenidade. Ela é eficaz no alívio do estresse e da ansiedade, sendo especialmente útil para quem sofre de insônia ou emoções intensas. Este cristal protege contra energias negativas e ajuda a curar traumas emocionais, transmutando emoções negativas em sentimentos de amor e compaixão.

CARACTERÍSTICAS ENERGÉTICAS

A Ametista é fortemente ligada ao chakra coronário, facilitando a conexão com o divino e a expansão da consciência espiritual. É frequentemente usada em práticas de meditação para alcançar estados elevados de consciência. Energeticamente, a Ametista é uma pedra poderosa de transmutação, convertendo energias negativas em positivas e protegendo de ataques psíquicos.

VARIAÇÕES DE COR

Ametista Roxa (Violeta): a cor mais comum, associada à sabedoria espiritual, proteção e cura. É ideal para meditação profunda e conexão com o eu superior.

Ametista Lavanda: esta variação promove uma calma profunda e ajuda a curar traumas emocionais suaves. É particularmente útil para relaxamento e harmonização.

Ametista Chevron: a Ametista Chevron é uma combinação de Ametista e Quartzo Branco. Este cristal é particularmente eficaz para remover bloqueios energéticos e promover a harmonia entre o corpo, mente e espírito. A Chevron é especialmente útil para aqueles que procuram entender seus padrões subconscientes e liberar traumas passados.

LIMPEZA DA AMETISTA

Água Corrente: uma das formas mais seguras de limpar a Ametista é colocá-la sob água corrente, preferencialmente de uma nascente natural, ou utilizar água filtrada. Deixe a água correr sobre o cristal por alguns minutos para remover impurezas energéticas.

Defumação: outro método eficaz é a defumação com ervas como sálvia, cedro, ou Palo Santo. Passe a Ametista pela fumaça da erva escolhida, permitindo que a fumaça purifique suas energias.

Sal grosso: a Ametista não deve ser limpa por tempo prolongado no sal grosso. Pode usar, mas com moderação, pois a longa exposição pode danificar sua superfície ao longo do tempo.

ENERGIZAÇÃO DA AMETISTA

Luz da Lua: coloque a Ametista sob a luz da Lua, preferencialmente durante a Lua Cheia, para carregar o cristal com energias suaves e espirituais. Deixe-a exposta à luz lunar durante a noite inteira.

Luz do Sol: coloque a ametista sob a luz do Sol suave, para carregar o cristal.

Cristais de Quartzo: coloque a ametista sobre uma drusa de Quartzo cristalino ou Quartzo transparente. O Quartzo amplifica a energia e ajuda a recarregar a ametista.

Energia da Terra: coloque a ametista sobre a terra ou no jardim por algumas horas. A terra ajudará a recarregar o âmbar com energia natural.

DECRETO DE ATIVAÇÃO – AMETISTA

Para ativar o poder da Ametista, segure o cristal em suas mãos ou visualize etericamente, feche os olhos e respire profundamente. Visualize uma luz violeta vibrante envolvendo o cristal e seu corpo, transmutando energias negativas e elevando sua vibração espiritual. Recite o seguinte decreto:

"Eu ativo agora o poder da Ametista, permitindo que suas vibrações elevadas acalmem minha mente, equilibrem minhas emoções e protejam minha energia. Que sua luz violeta transmute toda negatividade em amor e cura, abrindo meu ser para a sabedoria divina e a paz interior. Assim é!"

Repita este decreto enquanto segura a Ametista em suas mãos, ou visualize-se cercado por sua luz violeta enquanto medita. Sinta as energias do cristal fluindo através de você, trazendo clareza, calma e proteção.

• AMETRINO •

O Ametrino é conhecido como a "Pedra da Integração" por combinar as energias elevadas da Ametista com a vibração vitalizadora do Citrino. Esse cristal promove equilíbrio entre a mente intuitiva e o pensamento lógico, auxiliando na clareza mental e na tomada de decisões objetivas. Sua energia harmonizadora facilita a conexão espiritual ao mesmo tempo em que fortalece o poder pessoal, tornando-se um excelente aliado para quem busca estabilidade emocional, criatividade e transformação. Além disso, o Ametrino auxilia na dissolução de bloqueios energéticos, promovendo alinhamento e fluidez em todos os níveis do ser.

CARACTERÍSTICAS MENTAIS

O Ametrino é uma poderosa pedra de clareza mental, combinando as energias da Ametista e do Citrino. Este cristal promove uma mente focada e equilibrada, ajudando a dissipar confusões e a estimular a tomada de decisões claras e objetivas. É especialmente útil para quem busca soluções criativas, pois integra a intuição (da Ametista) com a capacidade analítica (do Citrino), proporcionando uma visão equilibrada dos problemas.

CARACTERÍSTICAS EMOCIONAIS

Muito conhecido por sua capacidade de equilibrar e harmonizar emoções contrastantes. Ajuda a aliviar a ansiedade e o estresse, promovendo uma sensação de paz interior. Este cristal é ideal para aqueles que enfrentam mudanças ou transições em suas vidas, pois promove estabilidade emocional e autoconfiança. O Ametrino também ajuda a liberar padrões emocionais antigos, permitindo uma renovação emocional saudável.

CARACTERÍSTICAS ENERGÉTICAS

O Ametrino ressoa com o chakra coronário e o plexo solar, unindo a espiritualidade elevada com o poder da manifestação. Esta combinação torna o Ametrino uma pedra excepcional para meditação, pois facilita a conexão com planos superiores enquanto ancora as intenções no plano físico. Também é excelente para proteger a aura, equilibrar as energias internas e promover a cura energética em múltiplos níveis.

VARIAÇÕES DE COR

O Ametrino é uma combinação natural de Ametista e Citrino, exibindo cores que variam do roxo suave ao amarelo dourado. Essas cores podem se fundir de forma sutil ou contrastar de maneira nítida, criando padrões únicos em cada cristal. A proporção de cores pode variar, influenciando a energia dominante, seja mais voltada à intuição espiritual (quando predomina o roxo) ou ao sucesso material (quando predomina o amarelo).

LIMPEZA DO AMETRINO

Água Corrente: segure o Ametrino sob água corrente morna ou fria por cerca de um minuto. Enquanto faz isso, visualize todas as energias negativas sendo lavadas e a pedra se purificando.

Defumação: passe o Ametrino pela fumaça de sálvia, Palo Santo ou incenso. Isso ajudará a remover quaisquer energias acumuladas de forma suave.

Sal grosso: o Ametrino não deve ser limpo por tempo prolongado no sal grosso. Pode usar, mas com moderação, pois a longa exposição pode danificar sua superfície ao longo do tempo (cerca de 1 a 2 horas apenas). Não exceda esse tempo para não comprometer sua integridade energética.

ENERGIZAÇÃO DO AMETRINO

Luz da Lua: coloque o Ametrino sob a luz da Lua, preferencialmente na Lua Cheia, para recarregar suas energias. A luz da Lua é suave e eficaz para cristais que promovem equilíbrio e clareza.

Luz do Sol: deixe o Ametrino sob a luz do Sol da manhã por até uma hora. Isso energiza a pedra, mas evite exposição prolongada para não desbotar sua cor.

DECRETO DE ATIVAÇÃO – AMETRINO

Para ativar o Ametrino, segure-o em suas mãos ou visualize o cristal etérico, feche os olhos e respire profundamente algumas vezes. Visualize uma luz dourada e violeta envolvendo o cristal e, em seguida, visualize essa luz se expandindo para o seu campo energético. Recite o seguinte decreto:

"Eu ativo as energias do Ametrino,
unificando minha mente, emoções e espírito.
Eu manifesto com clareza, confiança e equilíbrio,
integrando o poder da intuição com a força da ação.
Que esta pedra me guie e proteja em todos os níveis do meu ser."

Este decreto deve ser recitado enquanto você segura o Ametrino, visualizando a fusão das energias douradas e violetas que promovem clareza, expansão e harmonia.

• ANGELITA •

A Angelita é conhecida como a "Pedra da Conexão Angelical" devido à sua vibração elevada, que facilita a comunicação espiritual com seres de luz e anjos, assim como promove um profundo estado de tranquilidade. Sua energia suave auxilia na clareza mental, na expressão autêntica e no desenvolvimento da intuição. Amplamente utilizada para estabelecer contato com guias espirituais e receber mensagens dos planos sutis, a Angelita também é uma poderosa aliada para quem busca paz interior e equilíbrio emocional. Além disso, sua influência no chakra laríngeo e no terceiro olho fortalece a comunicação e a percepção espiritual.

CARACTERÍSTICAS MENTAIS

A Angelita é uma pedra de clareza mental e comunicação, amplamente reconhecida por sua capacidade de ajudar na organização de pensamentos e na expressão clara e eficaz. É particularmente útil para quem precisa melhorar suas habilidades de comunicação, seja em conversas cotidianas ou em situações mais desafiadoras. A Angelita também facilita o desenvolvimento de uma mente pacífica, livre de distrações e pensamentos confusos, promovendo uma maior introspecção e entendimento de si mesmo.

CARACTERÍSTICAS EMOCIONAIS

Para questões emocionais, a Angelita é um poderoso tranquilizante. Acalma emoções intensas e promove a paz interior. Este cristal auxilia na superação de medos, ansiedades e bloqueios emocionais, trazendo uma sensação de segurança e conforto. A Angelita também é conhecida por suavizar a dor e o sofrimento, especialmente em momentos de perda ou transição.

CARACTERÍSTICAS ENERGÉTICAS

A Angelita está fortemente conectada ao chakra laríngeo e ao terceiro olho, facilitando a comunicação clara e a intuição. Ela é especialmente poderosa na conexão com seres angelicais, servindo como um canal para mensagens e orientações dos anjos. A Angelita também ajuda a equilibrar as energias emocionais, promovendo harmonia e serenidade. É um cristal profundamente associado à conexão espiritual. Este cristal promove um estado de paz e tranquilidade, sendo ideal para aqueles que buscam orientação e proteção divina.

VARIAÇÕES DE COR

Angelita Azul-claro: promove a paz interior e a comunicação com os anjos.

Angelita Cinzenta: facilita a conexão espiritual e o equilíbrio energético.

LIMPEZA DA ANGELITA

A Angelita é um cristal delicado e requer cuidados especiais durante a limpeza.

Água Corrente (Cuidado): embora alguns cristais possam ser limpos em água corrente, a Angelita é sensível à água. A exposição prolongada à água pode causar a deterioração da superfície do cristal. Se optar por usar água, faça isso rapidamente e seque o cristal imediatamente.

Defumação: um método seguro e eficaz para limpar a Angelita é a defumação. Use ervas como sálvia, cedro, ou incenso para passar a Angelita pela fumaça, permitindo que as energias negativas sejam dissipadas.

Som: outro método seguro é a limpeza através de sons, como o som de tigelas tibetanas ou sinos, que podem ajudar a limpar as energias do cristal sem danificá-lo.

ENERGIZAÇÃO DE ANGELITA

Luz da Lua: a Angelita pode ser energizada colocando-a sob a luz suave da Lua, especialmente durante a Lua Cheia. Deixe o cristal exposto à luz lunar para recarregá-lo com energias espirituais.

Ambiente Sagrado: colocar a Angelita em um altar ou em um espaço sagrado por algumas horas também ajuda a absorver energias puras e elevar sua vibração.

Cristais de Quartzo: você pode energizar a Angelita colocando-a ao lado de cristais de Quartzo transparente ou Ametista, que amplificam as energias e restauram o poder do cristal.

Luz do Sol: evite a exposição prolongada ao Sol, pois a Angelita é sensível ao calor e à luz intensa, o que pode alterar sua cor e estrutura.

DECRETO DE ATIVAÇÃO – ANGELITA

Para ativar o poder da Angelita, segure o cristal em suas mãos ou visualize o cristal etérico, feche os olhos e respire profundamente. Visualize uma luz azul suave envolvendo o cristal e todo o seu corpo, conectando-se à energia dos anjos e ao plano celestial. Recite o seguinte decreto:

"Eu ativo a energia da Angelita para conectar-me com
os anjos e receber suas mensagens de luz e amor.
Que este cristal traga paz ao meu coração,
clareza à minha mente, e harmonia ao meu ser.
Assim é!"

Este decreto pode ser recitado enquanto segura a Angelita em suas mãos ou durante uma meditação para amplificar a conexão espiritual e a comunicação com os anjos.

• APATITA •

A Apatita é conhecida como a "Pedra do Conhecimento e da Expressão" devido à sua forte influência na clareza mental, no foco e no despertar espiritual. Sua energia estimula a mente, ajudando na organização dos pensamentos e no aprimoramento da comunicação. Além de fortalecer a motivação e a autoconfiança, ela é especialmente utilizada para equilibrar as emoções e liberar bloqueios internos. Sua conexão com o chakra laríngeo e o terceiro olho promove tanto a expressão autêntica quanto o desenvolvimento da intuição, tornando-se um cristal essencial para quem busca crescimento pessoal e expansão espiritual.

CARACTERÍSTICAS MENTAIS

A Apatita é um cristal excepcional para quem busca melhorar a clareza mental e o foco. Ajuda a dissipar confusões e pensamentos dispersos, promovendo uma mente lúcida e organizada. A Apatita é especialmente útil para aqueles que precisam de motivação para alcançar seus objetivos, pois impulsiona a determinação e a vontade de realizar tarefas com eficiência. Este cristal também facilita a absorção de conhecimento, tornando-o ideal para estudantes ou para quem busca expandir seu aprendizado.

CARACTERÍSTICAS EMOCIONAIS

A Apatita é um poderoso equilibrador. Auxilia na superação de bloqueios emocionais e no alívio de sentimentos de frustração e raiva. A Apatita promove a confiança e a aceitação de si mesmo, ajudando a liberar emoções reprimidas de maneira saudável. Este cristal é conhecido por reduzir o apetite emocional, o que pode ser útil para quem busca um relacionamento mais equilibrado com a alimentação.

CARACTERÍSTICAS ENERGÉTICAS

Esse cristal ressoa fortemente com o chakra laríngeo, promovendo a comunicação clara e sincera. Também se conecta ao chakra do terceiro olho, estimulando a intuição e a visão espiritual. A Apatita é conhecida por facilitar a meditação profunda e a conexão com planos espirituais elevados, sendo uma excelente ferramenta para quem deseja aprofundar suas práticas espirituais.

VARIAÇÕES DE COR

Apatita Azul: fortalece a comunicação e a expressão criativa, sendo ideal para quem busca melhorar suas habilidades verbais e artísticas.

Apatita Verde: promove a cura emocional e o equilíbrio energético, especialmente no que diz respeito ao coração e às emoções.

Apatita Amarela: focaliza a manifestação de intenções e o fortalecimento do plexo solar, aumentando a autoconfiança e a vontade de alcançar metas.

CRISTAIS DE APATITA NA GLÂNDULA PINEAL

Na glândula pineal, existem pequenos cristais de apatita que desempenham um papel fundamental na função desta glândula. A glândula pineal é responsável pela produção de melatonina, um hormônio que regula o ciclo do sono e a vigília. Além disso, a glândula pineal é considerada uma porta de entrada para a consciência espiritual e a percepção extrassensorial.

Os cristais de apatita na glândula pineal têm propriedades piezoelétricas, o que significa que podem converter energia mecânica em elétrica e vice-versa. Essa característica é fundamental, pois se acredita que esses cristais possam estar envolvidos na recepção e transmissão de informações energéticas e espirituais. Em termos espirituais, a presença de cristais de apatita na glândula pineal pode facilitar a conexão com dimensões superiores de consciência, ajudando na expansão da intuição e na percepção além do físico.

Relação entre a Apatita Externa e a Glândula Pineal

Quando você trabalha com um cristal de apatita externamente, especialmente a Apatita Azul, está potencialmente ressoando com os cristais de apatita internos em sua glândula pineal. Essa ressonância pode ajudar a ativar ou despertar a glândula pineal, ampliando suas capacidades intuitivas e espirituais.

Meditar com uma Apatita Azul colocada sobre a testa, na região do terceiro olho, pode estimular a glândula pineal e facilitar experiências de intuição profunda, sonhos lúcidos, e uma percepção espiritual mais aguçada. Além disso, o uso consciente da Apatita pode ajudar a harmonizar e descalcificar a glândula pineal, que pode ser afetada por toxinas e hábitos de vida não saudáveis.

LIMPEZA DA APATITA

A Apatita é um cristal relativamente delicado, especialmente em relação à água e a substâncias abrasivas. Evite sal grosso. Aqui estão os métodos recomendados para limpar a Apatita:

Água Corrente Suave: se optar por limpar a Apatita com água, use apenas água corrente suave e evite a imersão prolongada. Seque imediatamente após a limpeza para evitar qualquer dano.

Defumação: a defumação é uma forma segura e eficaz de limpar a Apatita. Use ervas como sálvia, Palo Santo, ou incenso e passe o cristal pela fumaça para purificá-lo energeticamente.

Som: a limpeza através de sons é outra opção segura. O som de tigelas tibetanas, sinos ou outros instrumentos pode ser usado para limpar as energias acumuladas no cristal.

Nota: evite usar sal grosso na Apatita, pois pode ser abrasivo e causar danos à superfície do cristal.

ENERGIZAÇÃO DA APATITA

Luz da Lua: a Apatita pode ser energizada sob a luz da Lua, especialmente durante a Lua Cheia. Coloque o cristal exposto à luz lunar para recarregar suas energias.

Cristais de Quartzo: posicionar a Apatita junto a cristais de Quartzo transparente ou Ametista pode ajudar a amplificar suas energias e restaurar seu poder.

Ambiente Natural: deixar a Apatita em um jardim ou em contato com a terra durante algumas horas também é uma maneira eficaz de reenergizá-la, especialmente se precisar de uma conexão mais profunda com a Natureza.

Luz Solar: coloque a apatita para energizar sem a luz solar direta ou em um Sol bem fraquinho.

Nota: evite a exposição prolongada ao Sol, pois a Apatita pode desbotar ou se deteriorar quando exposta à luz solar intensa.

DECRETO DE ATIVAÇÃO – APATITA

Para ativar o poder da Apatita, segure o cristal em suas mãos ou visualize etericamente, feche os olhos e respire profundamente. Visualize uma luz azul ou verde (dependendo da cor da Apatita) envolvendo o cristal e o seu corpo, conectando-se à clareza mental e à expansão espiritual. Recite o seguinte decreto:

"Eu ativo a energia da Apatita para clarear minha mente, fortalecer minha vontade, e alinhar minha comunicação com a verdade. Que este cristal me guie na jornada do autoconhecimento e na realização dos meus objetivos. Assim é!"

Este decreto pode ser recitado enquanto segura a Apatita ou durante uma meditação, potencializando a conexão com o cristal e amplificando suas propriedades benéficas.

ATIVAÇÃO FOCADA NA GLÂNDULA PINEAL

Para potencializar essa conexão entre a Apatita e os cristais na glândula pineal, você pode usar o decreto a seguir para ativação.

Decreto de Ativação para a Glândula Pineal:

"Eu desperto o poder dos cristais de Apatita dentro da minha glândula pineal. Com a energia da Apatita Azul, eu desbloqueio a visão espiritual e expando a minha consciência. Que minha intuição seja clara e que meu caminho espiritual seja iluminado. Assim é!"

Este decreto pode ser recitado durante uma meditação ou enquanto você se concentra na área do terceiro olho, permitindo que a energia da Apatita trabalhe em sinergia com os cristais internos, despertando e harmonizando a glândula pineal.

• AVENTURINA •

A Aventurina é conhecida como a "Pedra da Oportunidade" e é amplamente considerada um dos cristais mais auspiciosos, especialmente para manifestar prosperidade e riqueza. Além disso, a Aventurina é apreciada por suas propriedades curativas e por promover o crescimento pessoal. A seguir estão suas principais características em diferentes níveis, assim como suas variações de cor e uma ativação para trabalhar com essa pedra.

CARACTERÍSTICAS MENTAIS

A Aventurina é uma pedra que estimula a criatividade e a liderança. Ajuda a tomar decisões assertivas e a resolver problemas com clareza e confiança. A Aventurina também auxilia no alívio do estresse mental e acalma pensamentos agitados, proporcionando uma mente mais tranquila e focada.

CARACTERÍSTICAS EMOCIONAIS

A Aventurina é uma pedra equilibradora que ajuda a curar traumas emocionais e promove uma atitude positiva diante da vida. Encoraja a perseverança e a determinação, especialmente em momentos de desafios. Também é conhecida por ajudar a dissipar sentimentos de ansiedade e insegurança, promovendo uma sensação de bem-estar emocional.

CARACTERÍSTICAS ENERGÉTICAS

Ela é fortemente conectada ao chakra cardíaco, promovendo a cura emocional e o crescimento espiritual. Também é uma excelente pedra para atrair sorte e novas oportunidades, especialmente em questões financeiras. A Aventurina é capaz de equilibrar as energias *yin* e *yang* e fortalecer o campo áurico.

VARIAÇÕES DE COR

Aventurina Verde: promove a calma mental e a tomada de decisões claras. Facilita a cura emocional, especialmente do coração, e promove a autocompaixão. Conectada ao chakra cardíaco, promove o equilíbrio e a harmonia em todos os níveis.

Aventurina Azul: aumenta a clareza mental e a criatividade, especialmente em projetos artísticos. Alivia o estresse e a ansiedade, promovendo uma comunicação clara e equilibrada. Conectada ao chakra laríngeo, promove a expressão criativa e a verdade interior.

Aventurina Vermelha: estimula a coragem e a determinação, ajudando a superar procrastinação e bloqueios mentais. Fortalece a vitalidade emocional, promovendo uma atitude positiva e motivada. Conectada ao chakra raiz, promove a energia vital e a segurança.

LIMPEZA DA AVENTURINA

Água Corrente: limpe a Aventurina em água corrente por alguns minutos. Certifique-se de secá-la bem após a limpeza, especialmente se a exposição à água for prolongada.

Defumação: a defumação com sálvia, incenso, ou Palo Santo é uma forma suave de limpar a Aventurina. Passe o cristal pela fumaça para purificar suas energias.

Som: usar tigelas tibetanas, sinos ou outros instrumentos que emitam sons harmonizadores é uma maneira eficaz de limpar energeticamente a Aventurina.

Sal grosso: a Aventurina pode ser limpa com sal grosso. Deixe de molho na água com um pouquinho de sal por poucas horas e depois enxague bem. Utilize esse método vez ou outra.

Nota: embora a Aventurina seja resistente, evite o uso de sal grosso diretamente sobre o cristal, pois isso pode arranhar sua superfície.

ENERGIZAÇÃO DA AVENTURINA

Luz do Sol: a Aventurina pode ser energizada sob a luz do Sol, preferencialmente durante as primeiras horas da manhã, para evitar exposição excessiva ao calor. Coloque o cristal ao Sol por 30 minutos a uma hora para recarregá-lo.

Luz da Lua: a Aventurina também pode ser energizada sob a luz da Lua, especialmente durante a Lua Cheia. Deixe-a sob a luz lunar para absorver a energia suave e feminina da Lua.

Cristais de Quartzo: colocar a Aventurina em uma drusa de Quartzo ou junto a cristais de Quartzo transparente pode amplificar suas energias e ajudar a restaurar seu poder.

Nota: evite deixar a Aventurina exposta ao Sol por longos períodos, pois a cor do cristal pode desbotar.

DECRETO DE ATIVAÇÃO – AVENTURINA

Para ativar o poder da Aventurina, segure o cristal em suas mãos ou visualize etericamente, feche os olhos e respire lenta e profundamente. Visualize uma luz verde vibrante envolvendo o cristal e seu corpo, conectando-se à energia da abundância e da cura. Recite o seguinte decreto:

**"Eu ativo a energia da Aventurina para abrir meu coração
e minha mente às infinitas oportunidades
que o Universo tem para me oferecer.
Com este cristal, atraio prosperidade,
sorte e harmonia em todas as áreas da minha vida.
Que a sua energia me guie com confiança e clareza
em cada decisão que eu tomar. Assim é!"**

Este decreto pode ser feito segurando o cristal nas mãos ou simplesmente visualizando-o em sua mente, sentindo sua energia conectando-se ao seu campo áurico e alinhando-se aos seus objetivos e desejos.

• AZURITA •

A Azurita é conhecida como a "Pedra da Intuição" devido à sua forte conexão com o despertar espiritual e a expansão da consciência. Valorizada desde a antiguidade por sua cor azul intensa e vibrante, a Azurita é amplamente utilizada para estimular o terceiro olho, aprimorar a percepção intuitiva e aprofundar práticas meditativas.

Além de seu papel no desenvolvimento espiritual, a Azurita também auxilia na clareza mental e na comunicação autêntica.

CARACTERÍSTICAS MENTAIS

A Azurita é uma pedra altamente valorizada por suas propriedades de aprimoramento mental. Ela é conhecida por estimular a mente e a clareza de pensamento, facilitando a concentração e o foco. Ajuda a eliminar bloqueios mentais e padrões de pensamento negativos, permitindo que novas ideias e perspectivas surjam. É especialmente útil para aqueles que buscam *insights* profundos e uma melhor compreensão de situações complexas. A Azurita também é conhecida por promover a intuição e ajudar no desenvolvimento de habilidades psíquicas, como a clarividência e a telepatia.

CARACTERÍSTICAS EMOCIONAIS

É uma pedra de transformação e cura. Ela ajuda a trazer à tona emoções reprimidas, permitindo que sejam processadas e liberadas de maneira saudável. A Azurita promove a cura emocional, auxiliando na liberação de padrões emocionais negativos e traumas antigos. Ao equilibrar as emoções, ela facilita a expressão autêntica dos sentimentos, promovendo a paz interior e a harmonia nos relacionamentos. A Azurita também encoraja a honestidade e a comunicação clara e aberta, o que pode ser especialmente útil em situações emocionais desafiadoras.

CARACTERÍSTICAS ENERGÉTICAS

A Azurita é uma pedra profundamente conectada ao chakra do terceiro olho (frontal) e ao chakra laríngeo (laríngeo). Ela facilita a expansão da consciência e a conexão espiritual, promovendo um alinhamento entre a mente e o espírito. A Azurita ajuda a limpar e ativar o terceiro olho, aumentando a percepção intuitiva e a consciência espiritual. No chakra laríngeo, ela promove a expressão clara da verdade interior e a comunicação fluida. A Azurita também é conhecida por equilibrar o sistema energético, harmonizando a energia dos corpos físico, emocional e espiritual.

VARIAÇÕES DE COR

A Azurita é tipicamente encontrada em tons profundos de azul, variando de azul-escuro a azul-vivo. As variações de cor da Azurita podem influenciar ligeiramente suas propriedades:

Azurita Azul-escuro: fortalece a intuição e promove a conexão espiritual profunda.

Azurita Azul-claro: facilita a comunicação clara e a expressão da verdade interior.

LIMPEZA DA AZURITA

Água Corrente: a Azurita pode ser limpa com água corrente de maneira bem rápida para não danificar. Mentalize ela sendo purificada. Evite o uso de água salgada, pois pode danificar o cristal. Evite contato prolongado com a água.

Defumação: a defumação com sálvia, incenso, ou Palo Santo é uma forma suave de limpar a Azurita. Passe o cristal pela fumaça para purificar suas energias.

Selenita: utilize a selenita para desimpregnar energias densas da Azurita.

ENERGIZAÇÃO DA AZURITA

Luz do Sol: não é recomendada energização direta sob a luz do Sol, pois é um cristal relativamente suave e sensível ao calor e à luz intensa. A exposição ao Sol pode desbotar a cor vibrante da Azurita e até mesmo causar danos à sua estrutura. Se optar por energizar na luz do Sol, opte pela luz indireta.

Luz da Lua: energize a Azurita sob a luz suave da Lua, especialmente durante a Lua Cheia, para amplificar suas propriedades espirituais.

Cristais de Quartzo: colocar a Azurita em uma drusa de Quartzo ou junto a cristais de Quartzo transparente recarrega suas energias.

Enterrar na Terra: outra opção é colocá-la em um local tranquilo na Natureza para absorver energias terrestres.

DECRETO DE ATIVAÇÃO – AZURITA

Para ativar o poder da Azurita, segure o cristal em suas mãos ou visualize etericamente, feche os olhos e respire profundamente. Visualize uma luz azul intensa envolvendo o cristal e seu corpo, conectando-se à sabedoria e à intuição. Recite o seguinte decreto:

**"Eu ativo a energia profunda e transformadora da Azurita,
permitindo que sua luz azul revele minha verdade interior
e expanda minha consciência e ative minha intuição.
Que este cristal abra os portais do conhecimento e da sabedoria universal. Eu
sou um canal de clareza espiritual e insight profundo.
Eu Sou guiada na jornada de autoconhecimento e na
conexão com os planos superiores. Assim é."**

Este decreto pode ser recitado enquanto você segura a Azurita em suas mãos, visualizando uma luz azul intensa que envolve o cristal e o seu corpo, conectando-o às energias de sabedoria e intuição, promovendo uma conexão espiritual profunda.

• CALCEDÔNIA •

A Calcedônia é conhecida por sua energia suave e harmonizadora, sendo considerada a "Pedra da Comunicação" devido à sua capacidade de facilitar a expressão clara e sincera. Este cristal é amplamente utilizado para promover a calma mental, a estabilidade emocional e o equilíbrio energético. Sua vibração serena é ideal para quem busca desenvolver a paz interior. Além de sua atuação no chakra laríngeo, a Calcedônia também contribui para a harmonização de todo o campo energético.

CARACTERÍSTICAS MENTAIS

A Calcedônia é conhecida por aprimorar a capacidade de comunicação, especialmente em situações em que a clareza e a honestidade são necessárias. Ela ajuda a dissipar pensamentos confusos, promovendo uma mente mais organizada e aberta. Este cristal atua como um estabilizador mental, ajudando a equilibrar pensamentos e emoções. É especialmente útil para aqueles que tendem a se preocupar excessivamente ou que sofrem de pensamentos intrusivos.

CARACTERÍSTICAS EMOCIONAIS

A Calcedônia tem uma forte energia calmante, capaz de aliviar sentimentos de ansiedade, medo e estresse. Ela promove a paz interior e a aceitação, ajudando a curar feridas emocionais antigas. Este cristal é também conhecido por encorajar uma atitude positiva, promovendo sentimentos de alegria e bem-estar. É ideal para quem busca superar momentos difíceis com uma perspectiva mais leve e otimista.

CARACTERÍSTICAS ENERGÉTICAS

A Calcedônia está intimamente ligada ao chakra laríngeo, facilitando a expressão sincera e a comunicação clara. Também pode harmonizar a energia dos outros chakras, promovendo um fluxo energético equilibrado em todo o corpo. Embora seja um cristal de energia suave, a Calcedônia cria uma barreira protetora ao redor do corpo, afastando energias negativas e promovendo um ambiente de paz e segurança.

VARIAÇÕES DE COR

Calcedônia Azul: promove a comunicação clara e a expressão emocional sincera. É particularmente eficaz para desbloquear o chakra laríngeo e facilitar a expressão de sentimentos e pensamentos reprimidos.

Calcedônia Branca: focaliza a paz interior e a serenidade. É um cristal excelente para meditações, ajudando a alcançar estados profundos de calma e tranquilidade.

Calcedônia Rosa: facilita a cura emocional e o amor incondicional. É ideal para quem busca superar traumas emocionais e desenvolver compaixão e empatia.

LIMPEZA DA CALCEDÔNIA

Água Corrente: a Calcedônia pode ser limpa com segurança em água corrente. Segure o cristal sob água corrente por alguns minutos, visualizando as energias negativas sendo liberadas e levadas pela água. Evite o uso de sal grosso diretamente na Calcedônia, pois pode danificar sua superfície. Pode usar sal grosso misturado à água.

Defumação: utilize a fumaça de sálvia, incenso de purificação, ou Palo Santo para defumar a Calcedônia. Passe o cristal pela fumaça, permitindo que ela remova qualquer energia negativa acumulada.

ENERGIZAÇÃO DA CALCEDÔNIA

Luz Solar: coloque a Calcedônia sob a luz suave do Sol pela manhã, por até 30 minutos. Evite expor o cristal ao Sol por longos períodos, pois isso pode desbotar sua cor.

Luz Lunar: a Calcedônia pode ser energizada sob a luz da Lua, especialmente durante a Lua Cheia. Deixe-a ao luar para absorver energias calmantes e intuitivas.

Terra: coloque a Calcedônia em contato com a terra, como em um jardim ou vaso de plantas, durante algumas horas ou durante a noite. Isso permitirá que ela absorva a energia vital da Natureza, reenergizando suas propriedades curativas.

DECRETO DE ATIVAÇÃO – CALCEDÔNIA

Para ativar a energia da Calcedônia, segure o cristal entre as mãos ou mentalize etericamente e visualize uma luz suave irradiando dele, preenchendo todo o seu ser com paz e clareza. Em seguida, repita o seguinte decreto:

"Eu ativo a energia da Calcedônia para harmonizar minha mente, corpo e espírito. Que suas vibrações de paz e clareza fluam através de mim, trazendo equilíbrio, serenidade e comunicação clara em todas as áreas da minha vida."

Esta ativação pode ser feita com qualquer variação da Calcedônia, adaptando-a às suas necessidades específicas, dependendo da cor e das características desejadas.

• CALCITA •

A Calcita é conhecida por sua capacidade de amplificar e purificar energias, sendo considerada uma poderosa aliada para quem busca clareza mental, equilíbrio emocional e mais energética. Este cristal é amplamente utilizado para estimular o aprendizado, facilitar a adaptação a mudanças e remover bloqueios energéticos. Sua versatilidade permite que atue em todos os chakras, promovendo harmonia e vitalidade em todos os níveis do ser.

CARACTERÍSTICAS MENTAIS

A Calcita é uma pedra de clareza mental e foco. Ajuda a organizar pensamentos e a facilitar o aprendizado, sendo especialmente útil para estudantes e para aqueles que estão enfrentando desafios intelectuais. A Calcita estimula a mente, promovendo a capacidade de análise e discernimento.

CARACTERÍSTICAS EMOCIONAIS

Esse cristal é conhecido por sua capacidade de equilibrar as emoções e dissipar medos e ansiedades. Ela proporciona uma sensação de paz e serenidade, ajudando a liberar traumas emocionais antigos e a promover a aceitação e o amor-próprio. A Calcita é particularmente eficaz em momentos de transição, ajudando a pessoa a se adaptar a novas situações com mais facilidade.

CARACTERÍSTICAS ENERGÉTICAS

A Calcita é um poderoso amplificador e limpador de energias. Ajuda a remover bloqueios energéticos e a revitalizar o corpo físico e espiritual. A Calcita trabalha em todos os chakras, equilibrando e harmonizando as energias do corpo. Além disso, é conhecida por fortalecer a conexão espiritual e facilitar o acesso a estados superiores de consciência.

VARIAÇÕES DE COR

Calcita Amarela: está fortemente conectada ao chakra do plexo solar, promovendo autoconfiança, motivação e o poder pessoal. É excelente para fortalecer a vontade e a determinação.

Calcita Laranja: relacionada ao chakra umbilical / sacral, a Calcita Laranja é conhecida por sua capacidade de estimular a criatividade e a expressão emocional. Promove a alegria de viver e ajuda a superar bloqueios emocionais.

Calcita Verde: conectada ao chakra cardíaco, a Calcita Verde promove a cura emocional e a conexão com a Natureza. Ela ajuda a liberar mágoas antigas e a restaurar a harmonia emocional.

Calcita Óptica: a Calcita Óptica é especialmente conhecida por sua capacidade de facilitar a claridade de visão, tanto no nível físico quanto espiritual. Ela é usada para ampliar a percepção e a visão clara, sendo associada à glândula pineal e à capacidade de acessar dimensões superiores de consciência. A Calcita Óptica auxilia na descalcificação da glândula pineal, promovendo uma conexão mais profunda com o Eu Superior e estados meditativos mais elevados.

CRISTAIS DE CALCITA ÓPTICA NO CÉREBRO

Recentemente, descobertas científicas têm sugerido a presença de microcristais de Calcita no cérebro humano, não só na glândula pineal, mas em diversas regiões do cérebro.[1]

A glândula pineal, também conhecida como o "terceiro olho", é uma pequena glândula endócrina localizada no centro do cérebro.

1. Fonte: artigo publicado em 2004 no portal científico ResearchGate, intitulado "Calcite microcrystals in the pineal gland of the human brain: Second harmonic generators and possible piezoelectric transducers, dos pesquisadores Simon Baconnier e Sidney Lang, da Ben-Gurion University of the Negev [Departamento de Química e Engenharia] de Israel. Trazidas a meu conhecimento por Cosminho Pacceta.

Ela é responsável pela produção de melatonina, um hormônio que regula o sono, e está intimamente ligada aos ritmos circadianos e à percepção da luz.

A glândula pineal é frequentemente associada à intuição, à percepção extrassensorial e à conexão espiritual, sendo considerada por muitas tradições espirituais como o portal para estados elevados de consciência.

A presença de microcristais de Calcita no cérebro e na glândula pineal levanta questões fascinantes sobre sua função no corpo humano, especialmente em relação à espiritualidade e à percepção da realidade. Visto que os cristais de Calcita Óptica são armazenadores de informações e facilmente programáveis e reprogramáveis.

Função dos Cristais de Calcita Óptica na Glândula Pineal

Os microcristais de Calcita na glândula pineal poderiam potencialmente desempenhar um papel na amplificação de sinais eletromagnéticos no cérebro, funcionando como receptores de frequências espirituais ou energéticas. A birrefringência da Calcita Óptica, que permite que ela divida e amplifique a luz, sugere que esses cristais poderiam estar envolvidos na percepção de realidades multidimensionais ou na captação de informações sutis que vão além do espectro visível.

Esses cristais podem atuar como pequenos "receptores" que facilitam a conexão com estados alterados de consciência, permitindo que a glândula pineal funcione como uma antena espiritual que capta e interpreta energias e informações de outras dimensões.

IMPLICAÇÕES ESPIRITUAIS

Do ponto de vista espiritual, a presença de cristais de Calcita Óptica na glândula pineal reforça a ideia de que o corpo humano possui mecanismos naturais para acessar estados superiores de consciência e se conectar com o Universo em níveis profundos e sutis. Isso oferece uma explicação científica para práticas espirituais que envolvem a ativação do "terceiro olho", a expansão da consciência e reprogramação desses cristais.

LIMPEZA DA CALCITA

Água Corrente: limpe a Calcita em água corrente por breves momentos. Devido à sua natureza delicada, evite deixar a Calcita submersa por longos períodos ou usar água muito quente.

Defumação: a defumação com sálvia, incenso, ou Palo Santo é uma opção segura e eficaz para limpar a Calcita. Passe o cristal pela fumaça para remover quaisquer energias indesejadas.

Som: o som de tigelas tibetanas ou sinos pode ser utilizado para limpar a Calcita de forma suave, removendo qualquer energia acumulada.

ENERGIZAÇÃO DA CALCITA

Luz da Lua: a Calcita pode ser energizada sob a luz da Lua, especialmente durante a Lua3 Cheia. Deixe o cristal ao luar para absorver as energias sutis e renovadoras da Lua.

Luz do Sol: energizar a Calcita sob a luz do Sol é possível, mas com cuidado. A exposição ao Sol deve ser breve, especialmente com Calcita Amarela ou Laranja, para evitar que a cor do cristal desbote.

Cristais de Quartzo: colocar a Calcita em uma drusa de Quartzo ou junto com cristais de Quartzo transparente pode amplificar suas energias de forma segura.

Nota: a Calcita é sensível a substâncias ácidas e ao sal grosso, que podem corroer ou danificar sua superfície. Portanto, evite o uso de sal grosso ou qualquer tipo de produto químico na limpeza da Calcita.

DECRETO DE ATIVAÇÃO – CALCITA

Para ativar o poder da Calcita, segure o cristal em suas mãos ou visualize etericamente, feche os olhos e respire profundamente. Visualize uma luz brilhante envolvendo o cristal e seu corpo, conectando-se à energia de clareza, transformação e expansão espiritual. Recite o seguinte decreto:

"Eu ativo a energia de transformação e iluminação presente na Calcita. Que sua luz pura e cristalina flua através de mim, limpando bloqueios, trazendo clareza e fortalecendo minha conexão com meu propósito superior. Eu permito que a Calcita expanda minha consciência e ative minha intuição, promovendo crescimento e equilíbrio em todas as áreas da minha vida. Assim é."

Este decreto pode ser recitado enquanto você segura a Calcita, visualizando sua luz clareando o caminho à sua frente e trazendo harmonia e renovação.

• CELESTITA •

A Celestita é conhecida como a "Pedra da Conexão Celestial" devido à sua forte conexão com os reinos espirituais superiores e a capacidade de trazer serenidade e clareza mental. Este cristal é amplamente utilizado para facilitar a comunicação com guias espirituais, anjos e o Eu Superior, além de promover uma profunda paz interior. Sua energia suave eleva a consciência, purifica a aura e oferece proteção energética, tornando-se uma poderosa aliada em práticas meditativas e de expansão espiritual.

CARACTERÍSTICAS MENTAIS

A Celestita é conhecida por sua capacidade de proporcionar clareza mental e foco. Ela ajuda a organizar pensamentos dispersos e traz uma sensação de tranquilidade à mente, tornando-a uma excelente pedra para meditação e reflexão. Este cristal é amplamente utilizado para acessar informações e sabedoria de planos superiores, facilitando o aprendizado espiritual e a compreensão de ensinamentos profundos.

CARACTERÍSTICAS EMOCIONAIS

Emocionalmente, a Celestita promove a calma e a serenidade. Ela é eficaz para acalmar emoções intensas, como ansiedade e estresse, e traz uma sensação de paz interior. Ajuda a liberar medos profundos e padrões emocionais negativos, promovendo uma abordagem mais equilibrada e positiva em relação aos desafios emocionais.

CARACTERÍSTICAS ENERGÉTICAS

Energeticamente, a Celestita está fortemente conectada aos chakras superiores, especialmente ao chakra da coroa e ao terceiro olho e o Chakra Estrela da Alma (conexão Eu Superior). Ela facilita a comunicação com guias espirituais e anjos, sendo um cristal poderoso para expandir a consciência espiritual.

Proteção e Purificação: este cristal também oferece proteção energética, criando um escudo que bloqueia energias negativas. Purifica a aura e promove a elevação vibracional. Faz profunda conexão com os Anjos e os Reinos Celestiais, assim como ativa a clarividência

VARIAÇÕES DE COR

Celestita Azul: a variação azul é a mais comum e está associada ao chakra laríngeo e ao terceiro olho, promovendo comunicação clara e intuição aprimorada.

Celestita Incolor: mais rara, esta variação está conectada ao chakra da coroa, facilitando uma conexão direta com a consciência cósmica e a iluminação espiritual.

Drusa de Celestita: é uma formação natural em que vários cristais de Celestita crescem em conjunto sobre uma base comum. Este tipo de estrutura cria uma superfície repleta de pequenos cristais, cada um irradiando a energia característica da Celestita. A drusa de Celestita é especialmente poderosa devido à sua capacidade de amplificar e distribuir energia de forma harmoniosa, fazendo dela uma ferramenta excepcional em práticas espirituais e de cura. Ela amplifica as vibrações espirituais e energéticas do ambiente em que está colocada, criando um campo energético muito forte. Ela é conhecida por intensificar a conexão com guias espirituais e seres angélicos. Facilita a abertura dos chakras superiores, especialmente o terceiro olho, a coroa e o Chakra Estrela da Alma, promovendo *insights* espirituais profundos e comunicação com planos superiores e com o Eu Superior.

LIMPEZA DA CELESTITA

Água Corrente: passe a Celestita em água corrente por alguns segundos, visualizando as impurezas sendo levadas pela água. Evite longos períodos de imersão, pois é um cristal delicado.

Defumação: defume a Celestita com a fumaça de incenso ou sálvia, passando o cristal pela fumaça para limpá-lo de energias negativas.

Sal Grosso: coloque a Celestita em um recipiente com sal grosso seco por algumas horas para purificação. Não use água salgada, pois o sal diluído pode danificar o cristal. Depois enxágue bem.

ENERGIZAÇÃO DA CELESTITA

Luz da Lua: energize a Celestita sob a luz da Lua, preferencialmente durante a Lua Cheia, para amplificar suas propriedades espirituais.

Luz do Sol: energizar a Celestita em luz solar bem fraquinha ou indireta para não danificar o cristal. A Celestita é uma pedra relativamente suave e pode ser sensível à luz solar intensa, o que pode causar desbotamento ou fragilidade ao cristal.

Meditação: segure a Celestita durante a meditação, visualizando uma luz azul-clara fluindo através do cristal e preenchendo-o com energia divina.

DECRETO DE ATIVAÇÃO – CELESTITA

Para ativar o poder da Celestita, segure o cristal em suas mãos ou visualize etericamente, feche os olhos e respire profundamente. Visualize uma luz azul celeste suave envolvendo o cristal e todo o seu corpo, conectando-se à paz e à serenidade divina. Recite o seguinte decreto:

> **"Eu ativo a energia pura e serena da Celestita, permitindo que sua luz azul celeste traga paz ao meu coração e clareza à minha mente.**

Que este cristal me conecte com os reinos superiores, facilitando a comunicação angelical, a orientação espiritual e a conexão profunda com o meu Eu Superior. Que eu seja envolvido em uma aura de tranquilidade, elevando minha consciência e promovendo a harmonia em todos os aspectos do meu ser. Eu sou um canal de paz, luz e amor divino. Assim é."

Este decreto pode ser recitado enquanto você segura a Celestita em suas mãos, visualizando uma luz azul suave envolvendo o cristal e se expandindo ao seu redor, trazendo serenidade e conexão espiritual.

• CIANITA •

A Cianita é um cristal poderoso e versátil, conhecido por sua capacidade de promover a comunicação clara, a introspecção profunda e o equilíbrio energético. Com uma vibração elevada, a Cianita é frequentemente usada para alinhar os chakras, conectar-se com planos espirituais superiores e proteger a aura. Ela não acumula energias negativas, o que significa que não precisa de limpeza energética, sendo autolimpante.

CARACTERÍSTICAS MENTAIS

A Cianita promove a clareza mental e a intuição. É especialmente útil para dissipar pensamentos confusos e abrir a mente para novas ideias e perspectivas. Esse cristal facilita a meditação e a introspecção, ajudando a acessar camadas mais profundas da consciência. A Cianita também é excelente para estudantes ou profissionais que precisam de foco mental e discernimento em suas atividades.

CARACTERÍSTICAS EMOCIONAIS

A Cianita é um cristal calmante que ajuda a dissipar medos e ansiedades. Ela proporciona uma sensação de paz interior e segurança, fortalecendo a autoconfiança e a resiliência emocional. A Cianita também encoraja a expressão honesta das emoções e o entendimento profundo de si mesmo e dos outros, facilitando a comunicação empática.

CARACTERÍSTICAS ENERGÉTICAS

A Cianita é um dos cristais mais eficazes para alinhamento dos chakras. Ela é particularmente conectada ao chakra laríngeo e ao terceiro olho, promovendo a comunicação espiritual e a intuição. Também é conhecida por criar um escudo de proteção ao redor da aura, bloqueando ataques psíquicos e energias negativas. Além disso, ela ajuda a canalizar energia de alta frequência, facilitando o trabalho espiritual.

VARIAÇÕES DE COR

Cianita Azul: fortalece a comunicação clara e a intuição espiritual. É ideal para meditação, facilitando a conexão com guias espirituais e o desenvolvimento da clarividência.

Cianita Verde: promove a cura emocional profunda e o equilíbrio energético. Conecta-se com o coração e facilita o perdão e a compaixão.

Cianita Preta: oferece uma proteção energética poderosa, promovendo a ancoragem e a segurança. É excelente para a proteção da aura e dissipação de energias negativas.

CONEXÃO COM ARCANJO MIGUEL – CIANITA AZUL

A Cianita Azul é frequentemente associada ao Arcanjo Miguel, o arcanjo da proteção, coragem e força. Na tradição espiritual, Arcanjo Miguel é conhecido como o líder dos anjos guerreiros e o defensor do bem contra as forças do mal. A Cianita Azul, com sua energia poderosa e protetora, ressoa profundamente com as qualidades de Arcanjo Miguel, tornando-se um cristal ideal para invocá-lo e trabalhar com sua energia. Arcanjo Miguel está associado ao 1º Raio da Grande Fraternidade Branca – Raio Azul que representa Vontade Divina, Poder, Fé e Proteção.

Proteção e Coragem

Arcanjo Miguel é amplamente invocado por sua capacidade de oferecer proteção e coragem em tempos de adversidade. A Cianita Azul, ao ser usada, canaliza a energia protetora de Arcanjo Miguel, criando um escudo energético ao redor da pessoa que a utiliza. Isso faz da Cianita

Azul um cristal excelente para aqueles que buscam proteção contra energias negativas, ataques psíquicos e influências prejudiciais.

Comunicação e Verdade

A Cianita Azul também está ligada ao chakra laríngeo, que rege a comunicação e a expressão da verdade. Arcanjo Miguel é conhecido como o arcanjo da verdade e da justiça, e a Cianita Azul facilita a comunicação clara e honesta, ajudando a pessoa a expressar sua verdade com coragem e integridade. Ao meditar com a Cianita Azul, é possível sentir a presença de Arcanjo Miguel, recebendo orientação e clareza sobre como agir com justiça e retidão.

Cura e Alinhamento Energético

Além de sua função protetora, a Cianita Azul também é usada para alinhar e curar os chakras. Arcanjo Miguel, sendo um curador espiritual, pode ser invocado através da Cianita Azul para auxiliar na cura energética, especialmente quando se trata de remover bloqueios e restaurar o fluxo energético. A energia do Arcanjo Miguel, canalizada pela Cianita Azul, ajuda a elevar as vibrações e a purificar o campo áurico.

LIMPEZA CIANITA

A Cianita é um cristal que possui uma característica única: ela é autolimpante. Isso significa que, em muitos casos, não é necessário realizar uma limpeza energética tradicional, pois ela não retém energias negativas. No entanto, se você desejar realizar uma limpeza para mantê-la energeticamente vibrante, aqui estão algumas opções suaves:

Água Corrente: embora a Cianita possa ser limpa em água corrente, é importante que seja por um período muito curto, pois o cristal pode ser sensível a longas exposições à água.

Defumação: defumar a Cianita com sálvia, Palo Santo, ou incenso é uma excelente forma de limpar o cristal. Passe o cristal pela fumaça por alguns momentos para dissipar qualquer energia acumulada.

Som: a limpeza através de som, usando tigelas tibetanas, sinos ou mantras, é outra forma segura de limpar a Cianita. O som ajuda a restaurar a frequência energética do cristal.

Nota: evite o uso de sal grosso ou exposição prolongada à água, pois a Cianita é um cristal frágil e pode se partir facilmente.

ENERGIZAÇÃO DA CIANITA

A Cianita, por ser autolimpante, também mantém sua energia elevada naturalmente. No entanto, você pode optar por energizá-la, especialmente se for usada intensivamente.

Luz da Lua: colocar a Cianita sob a luz da Lua, especialmente durante a Lua Cheia, é uma maneira suave de revitalizar suas propriedades espirituais e energéticas.

Cristais de Quartzo: deixar a Cianita junto com cristais de Quartzo transparente ou em uma drusa de Quartzo pode amplificar sua energia sem a necessidade de exposições prolongadas.

Energia Espiritual: a Cianita é fortemente associada ao Arcanjo Miguel, especialmente a Cianita Azul. Visualizar uma luz azul vibrante envolvendo o cristal enquanto você invoca a proteção de Arcanjo Miguel é uma maneira poderosa de energizar a Cianita.

DECRETO DE ATIVAÇÃO – CIANITA

Para ativar a Cianita, segure o cristal na mão dominante ou visualize etericamente, concentre-se em sua intenção de trabalho com ele. Respire profundamente e visualize uma luz azul brilhante envolvendo o cristal, ativando suas propriedades energéticas. Recite o seguinte decreto de ativação:

"Eu ativo a Cianita, conectando-a ao meu campo energético, para promover a clareza mental, a comunicação espiritual e o alinhamento dos meus chakras. Que suas energias me guiem na busca pela verdade e na proteção do meu ser."

Com este decreto, você intensifica a conexão com a energia da Cianita, potencializando seus efeitos no campo mental, emocional e espiritual.

DECRETO DE ATIVAÇÃO DA CIANITA COM ENERGIA DO ARCANJO MIGUEL

Para ativar a Cianita Azul em conexão com Arcanjo Miguel, segure o cristal ou visualize etericamente em sua mão dominante e visualize uma luz azul intensa e radiante envolvendo você e o cristal. Concentre-se na presença de Arcanjo Miguel e recite o seguinte decreto.

"Eu invoco a presença poderosa de Arcanjo Miguel. Que sua luz e proteção se manifestem através deste cristal. Que a Cianita Azul me proteja, me dê coragem e fortaleça minha verdade. Arcanjo Miguel, guie-me, defenda-me e ajude-me a viver com integridade e força."

Ao fazer essa ativação, você estabelece uma conexão profunda com Arcanjo Miguel, permitindo que sua energia divina trabalhe através da Cianita Azul para protegê-lo, guiá-lo e fortalecê-lo em todos os níveis.

• CITRINO •

O Citrino é conhecido como a "Pedra da Abundância" devido à sua forte conexão com a energia da prosperidade, sucesso e manifestação de objetivos. Este cristal irradia uma vibração solar que promove alegria, entusiasmo e autoconfiança, sendo um poderoso aliado para quem busca crescimento pessoal e financeiro. Além de estimular o poder pessoal, o citrino irradia energias positivas por vibrar na frequência da alegria , sendo assim é um cristal muito aliado para fortalecer o campo energético e trazer bem-estar emocional.

CARACTERÍSTICAS MENTAIS

O Citrino é amplamente reconhecido por sua capacidade de promover clareza mental, foco e uma mentalidade positiva. Este cristal é ideal para aqueles que buscam aumentar sua criatividade, desenvolver soluções inovadoras e fortalecer sua capacidade de tomar decisões. Ajuda a dissipar confusões mentais e a promover um pensamento claro, focado em objetivos e intenções. Além disso, o Citrino é conhecido por estimular a autoexpressão, sendo muito utilizado em ambientes de trabalho e estudos.

CARACTERÍSTICAS EMOCIONAIS

O Citrino é um cristal de alegria, entusiasmo e autoconfiança. Auxilia na superação de medos e fobias, promovendo uma atitude positiva e fortalecendo a autoestima. Ele ajuda a eliminar a depressão e promove uma sensação de bem-estar, tornando-se um excelente aliado para aqueles que buscam cultivar a alegria em sua vida diária. Além disso, ele ajuda a liberar emoções negativas e padrões de autossabotagem, proporcionando uma maior resiliência emocional.

CARACTERÍSTICAS ENERGÉTICAS

O Citrino é fortemente associado ao chakra do plexo solar, que governa a autoestima, o poder pessoal e a vontade. Este cristal promove a manifestação de objetivos e a atração de prosperidade e abundância. Ele é conhecido por sua capacidade de transmutar energias negativas em positivas, funcionando como um escudo energético que protege contra influências externas indesejadas.

O Citrino não retém energias negativas, o que significa que não precisa ser limpo com frequência.

VARIAÇÕES DE COR

Citrino Amarelo-claro: promove a criatividade e o sucesso em empreendimentos. Está diretamente ligado ao chakra do plexo solar, estimulando a confiança e a determinação.

Citrino Dourado: estimula o fluxo de riqueza e abundância, fortalecendo o chakra do plexo solar. É ideal para quem busca sucesso financeiro e estabilidade material.

LIMPEZA DO CITRINO

O Citrino é um cristal que, assim como a Cianita, possui propriedades autolimpantes. Isso significa que ele não acumula energias negativas, o que torna sua limpeza menos necessária em comparação com outros cristais. No entanto, se você quiser realizar uma limpeza para mantê-lo energeticamente vibrante, aqui estão algumas opções recomendadas.

Água Corrente: passar o Citrino por água corrente por alguns segundos é uma maneira simples e eficaz de limpá-lo. Use água em temperatura ambiente e seque-o suavemente após a limpeza. Pode usar água com uma pitada de sal grosso e deixar por algumas horas e depois enxaguar em água corrente.

Defumação: o Citrino pode ser defumado com sálvia, incenso, ou Palo Santo para uma limpeza energética suave. Basta passar o cristal pela fumaça por alguns segundos.

Som: utilize sons vibracionais, como o som de uma tigela tibetana, sinos, ou mantras para limpar o Citrino. O som ajuda a realinhar e purificar a energia do cristal.

ENERGIZAÇÃO DO CITRINO

Embora o Citrino não precise de limpeza frequente, você pode energizá-lo para amplificar suas propriedades positivas.

Luz Solar: o Citrino responde muito bem à luz solar, sendo uma das poucas pedras que podem ser energizadas diretamente sob a luz do Sol. Coloque o cristal sob a luz solar direta por até uma hora, preferencialmente na parte da manhã, para revitalizar sua energia.

Luz da Lua: se preferir uma energização mais suave, coloque o Citrino sob a luz da Lua, especialmente durante a Lua Cheia. Deixe-o exposto durante a noite para uma energização completa.

Cristais de Quartzo: colocar o Citrino sobre uma drusa de Quartzo transparente ou próximo a um grupo de cristais de Quartzo é uma excelente forma de amplificar suas energias.

Nota: evite expor o Citrino ao Sol por períodos prolongados, pois isso pode alterar a cor do cristal. Também é importante não utilizar sal grosso diretamente no Citrino, pois isso pode danificar sua superfície ao longo do tempo.

DECRETO DE ATIVAÇÃO – CITRINO

Para ativar o poder do Citrino, segure o cristal em suas mãos ou visualize etericamente, feche os olhos e respire profundamente. Visualize uma luz dourada vibrante envolvendo o cristal e irradiando através de todo o seu corpo, conectando-se à prosperidade, energia vital e abundância. Recite o seguinte decreto:

"Eu ativo a energia do Citrino, permitindo que sua luz dourada ilumine minha mente, fortaleça minha confiança e atraia prosperidade e sucesso em todas as áreas da minha vida. Que sua vibração transmute qualquer negatividade em pura alegria e abundância."

Este decreto pode ser repetido diariamente, especialmente ao segurar o Citrino ou ao meditar com ele para potencializar seus efeitos.

• CORNALINA •

A Cornalina é conhecida como a "Pedra da Coragem" devido à sua capacidade de despertar a motivação, a autoconfiança e a energia vital. Com seu tom vibrante, ela é amplamente utilizada para estimular a criatividade, fortalecer a determinação e promover uma mentalidade voltada para a ação. Além de inspirar coragem, a cornalina é um cristal de equilíbrio emocional e proteção energética, ajudando a dissipar a negatividade e restaurar o entusiasmo pela vida.

CARACTERÍSTICAS MENTAIS

A Cornalina é conhecida por sua poderosa capacidade de estimular a criatividade e a clareza mental. Este cristal ajuda a aumentar a concentração, especialmente em tarefas que requerem foco e determinação.

A Cornalina é excelente para combater a procrastinação, inspirando ação e promovendo uma mentalidade orientada para a realização de objetivos.

CARACTERÍSTICAS EMOCIONAIS

Ela é um cristal de coragem, confiança e motivação. Ajuda a superar medos e inseguranças, promovendo uma sensação de autossuficiência e autoestima. Este cristal é particularmente eficaz em restaurar a vitalidade emocional após períodos de trauma ou esgotamento. A Cornalina também incentiva a positividade, dissipando a apatia e fortalecendo a conexão com as emoções.

CARACTERÍSTICAS ENERGÉTICAS

A Cornalina está fortemente conectada ao chakra umbilical / sacral, promovendo a vitalidade, a paixão e a energia criativa. Este cristal é conhecido por equilibrar as energias e aumentar a força de vontade. A Cornalina também é utilizada como uma pedra de proteção, criando um escudo energético que repele a negatividade e fortalece a aura.

VARIAÇÕES DE COR

Cornalina Laranja: estimula a criatividade, a sexualidade saudável e a expressão emocional.

Cornalina Vermelha: aumenta a força vital, promovendo coragem, segurança e uma forte conexão com o chakra raiz.

LIMPEZA DA CORNALINA

Água Corrente: a Cornalina pode ser limpa com água corrente. Deixe a água fluir sobre a pedra por alguns minutos, visualizando todas as energias acumuladas sendo levadas embora.

Defumação: se preferir, utilize a fumaça de sálvia, incenso, Palo Santo ou outra erva purificadora para limpar a Cornalina. Passe a pedra pela fumaça por alguns minutos, permitindo que ela absorva a energia de limpeza.

Sal Grosso: a Cornalina pode ser colocada em um recipiente com sal grosso por algumas horas para uma limpeza mais profunda. No entanto, certifique-se de lavar a pedra em água corrente após esse processo para remover qualquer resíduo de sal.

ENERGIZAÇÃO DA CORNALINA

Luz Solar: coloque a Cornalina sob a luz do Sol, especialmente durante as primeiras horas da manhã, para energizá-la. Deixe-a exposta por cerca de uma hora, permitindo que a pedra absorva a energia solar e amplifique suas propriedades vibracionais.

Luz Lunar: se preferir uma energização mais suave, você pode colocar a Cornalina sob a luz da Lua, especialmente durante a Lua Cheia. Deixe-a exposta durante toda a noite para que absorva as energias lunares, fortalecendo sua conexão com o chakra sacral.

Energização Terrestre: enterrar a Cornalina também é uma excelente maneira de recarregar suas energias. Deixe-a enterrada por uma noite para que absorva a força vital da terra, o que pode ajudar a intensificar sua conexão com as energias de proteção e vitalidade.

DECRETO DE ATIVAÇÃO – CORNALINA

Para ativar o poder da Cornalina, segure o cristal em suas mãos ou visualize etericamente, feche os olhos e respire profundamente. Visualize uma luz laranja vibrante envolvendo o cristal e fluindo pelo seu corpo, conectando-se à sua força vital, coragem e criatividade. Recite o seguinte decreto:

"Eu ativo a energia da Cornalina para fortalecer minha coragem, acender minha criatividade e nutrir minha vitalidade. Que seu fogo interno desperte minha autoconfiança e me guie em direção à realização de meus objetivos e à expressão plena do meu ser nesta realidade."

Este decreto pode ser repetido diariamente, especialmente ao segurar a Cornalina ou ao meditar com ela para potencializar seus efeitos.

• CRISOCOLA •

A Crisocola é conhecida como a "Pedra da Sabedoria" devido à sua capacidade de promover a clareza mental, facilitar a comunicação com a verdade interior e trazer equilíbrio emocional. Com sua energia suave e calmante, é amplamente utilizada para auxiliar em processos de aprendizado, aprimorar a expressão verbal e harmonizar as emoções. Fortemente conectada aos chakras da garganta e do coração, a crisocola é um cristal poderoso para curar feridas emocionais, liberar padrões negativos e promover uma comunicação sincera, verdadeira e amorosa.

CARACTERÍSTICAS MENTAIS

A Crisocola é considerada uma pedra de sabedoria, auxiliando na expansão do conhecimento e na compreensão de situações complexas. Ajuda a organizar pensamentos e promove a clareza mental, tornando-a excelente para estudantes e pessoas que buscam aprender algo novo ou aprofundar seu entendimento em um campo específico. Este cristal é altamente eficaz para melhorar a comunicação, tanto verbal quanto escrita. A Crisocola facilita a expressão clara e sincera, ajudando a dissipar mal-entendidos e a promover a troca de ideias de forma pacífica e construtiva.

CARACTERÍSTICAS EMOCIONAIS

É uma pedra de grande poder calmante, ajudando a aliviar a culpa, a ansiedade e o medo. Ela é especialmente útil para curar feridas emocionais profundas e trazer à tona emoções reprimidas para que possam ser tratadas e liberadas. Este cristal promove um profundo senso de paz e equilíbrio, ajudando a harmonizar as emoções e a manter a calma em tempos de estresse. É ideal para pessoas que estão passando por mudanças ou transições significativas na vida.

CARACTERÍSTICAS ENERGÉTICAS

A Crisocola está fortemente conectada aos chakras da garganta e do coração. Auxilia na comunicação sincera e amorosa, além de promover a cura emocional e o equilíbrio energético. A Crisocola também é conhecida por limpar e energizar todos os chakras, promovendo um fluxo de energia harmonioso em todo o corpo. É excelente para facilitar a transformação, ajudando a liberar padrões antigos e negativos, substituindo-os por energias mais positivas e construtivas. Além disso, a Crisocola oferece proteção energética, mantendo a aura limpa e protegida de influências negativas.

VARIAÇÕES DE COR

Crisocola Verde-azulado: esta variação é particularmente eficaz para a cura emocional e para a comunicação amorosa. Ela ressoa fortemente com o chakra cardíaco, promovendo compaixão e empatia.

Crisocola Azul: focaliza na clareza mental e na expressão verbal, sendo ideal para melhorar a comunicação e a introspecção.

LIMPEZA DA CRISOCOLA

Água Corrente: a Crisocola pode ser limpa em água corrente. Deixe a água fluir suavemente sobre o cristal por alguns minutos, visualizando as energias acumuladas sendo levadas pela água.

Defumação: outra forma de limpar a Crisocola é defumando-a com sálvia, Palo Santo, incenso ou outra erva purificadora. Passe o cristal pela fumaça várias vezes, visualizando qualquer negatividade sendo dissipada.

Água com sal: a Crisocola pode ser sensível ao sal, por isso deixe pouco tempo em contato com o sal grosso para limpeza (um pouco de sal grosso + água). Outra opção é usar sal para limpeza sem contato, coloque o cristal em um recipiente de vidro dentro de uma tigela maior com sal ao redor, sem contato direto.

ENERGIZAÇÃO DA CRISOCOLA

Luz Solar: coloque a Crisocola sob a luz suave do Sol, especialmente durante as primeiras horas da manhã. Deixe-a exposta por cerca de 30 minutos para que absorva a energia solar.

Luz Lunar: para uma energização mais suave, coloque a Crisocola sob a luz da Lua Cheia. A energia lunar intensificará as qualidades calmantes e intuitivas do cristal.

Energização Terrestre: enterrar a Crisocola por algumas horas ou deixá-la em um jardim pode recarregar suas energias, conectando-a profundamente às forças da natureza.

DECRETO DE ATIVAÇÃO – CRISOCOLA

Para ativar a Crisocola, segure-a em suas mãos ou visualize etericamente e feche os olhos. Concentre-se em sua respiração e visualize uma luz azul-verde brilhando intensamente do cristal, envolvendo-o em uma aura de paz e sabedoria. Diga em voz alta ou mentalmente:

**"Eu ativo as energias da Crisocola, trazendo clareza,
cura emocional e equilíbrio para minha vida.
Que sua sabedoria me guie, sua energia
transforme e proteja meu ser."**

Repita este decreto sempre que sentir necessidade de renovar a energia da Crisocola.

• ESMERALDA •

A Esmeralda é conhecida como a "Pedra do Amor Incondicional" devido à sua forte conexão com o chakra cardíaco, gerando compaixão, equilíbrio emocional e cura profunda. Ela é valorizada desde a antiguidade por sua beleza e poder, a esmeralda é um cristal que inspira amor, sabedoria interior e renovação espiritual. Sua energia harmonizadora auxilia na cura de feridas emocionais, no fortalecimento da mente e na promoção de um profundo senso de paz e bem-estar. Além de suas propriedades emocionais e mentais, a esmeralda é reconhecida por seu poder de regeneração energética e proteção espiritual. É também um cristal de prosperidade Financeira.

CARACTERÍSTICAS MENTAIS

A Esmeralda é conhecida por sua capacidade de promover clareza mental e discernimento. Ajuda a organizar pensamentos e a trazer à tona a sabedoria interior, tornando-se uma pedra valiosa para aqueles que buscam tomar decisões difíceis ou que precisam de orientação em tempos de incerteza. Este cristal é excelente para melhorar o foco e a concentração, sendo útil em momentos em que a mente precisa estar totalmente presente. A Esmeralda auxilia no desenvolvimento de habilidades cognitivas e na retenção de informações, o que a torna uma aliada poderosa para estudantes e profissionais.

CARACTERÍSTICAS EMOCIONAIS

A Esmeralda é uma pedra profundamente conectada ao chakra cardíaco, promovendo amor incondicional, compaixão e perdão. Ajuda a curar feridas emocionais antigas, trazendo paz e renovação ao coração. Este cristal é particularmente eficaz para aqueles que estão em busca de cura emocional profunda ou que precisam se reconectar com sentimentos de amor e aceitação. Equilíbrio e Paz Interior: A Esmeralda promove um profundo senso de equilíbrio emocional, ajudando a acalmar sentimentos de ansiedade, medo e tristeza. Ela encoraja a autoaceitação e a confiança em si mesmo, proporcionando uma base emocional estável.

CARACTERÍSTICAS ENERGÉTICAS

A Esmeralda está fortemente associada ao chakra cardíaco, onde exerce sua maior influência. Ela ajuda a alinhar e harmonizar todos os chakras, mas especialmente o chakra cardíaco, promovendo o fluxo saudável de energia amorosa por todo o corpo. Ela também é conhecida por conectar o coração à mente, facilitando uma comunicação harmoniosa entre emoções e pensamentos. É considerada uma das mais poderosas para a cura, tanto física quanto espiritual. A Esmeralda é conhecida por revitalizar energias desgastadas, promover a regeneração celular e apoiar processos de cura em geral. Ela fortalece o campo áurico e protege contra energias negativas, criando um escudo de amor e luz ao redor de quem a utiliza. È um cristal que traz a energia da verdade e da Prosperidade Financeira também.

VARIAÇÕES DE COR

Esmeralda Verde-claro: conecta-se mais diretamente com as energias do coração, promovendo suavidade e cura emocional profunda.

Esmeralda Verde-escuro: tem uma conexão mais forte com a sabedoria e o poder mental, oferecendo proteção energética e estimulando a força interior.

LIMPEZA DA ESMERALDA

Água Corrente: a Esmeralda pode ser limpa com água corrente. Deixe a água fluir sobre o cristal por alguns minutos, visualizando todas as energias negativas sendo levadas embora. Se possível, utilize água de uma fonte natural como um rio ou uma cachoeira.

Defumação: outra forma eficaz de limpar a Esmeralda é utilizando a fumaça de ervas purificadoras como sálvia, incenso ou Palo Santo. Passe o cristal pela fumaça várias vezes, permitindo que as energias negativas sejam dissipadas.

Água com sal grosso: a Esmeralda pode ser sensível ao sal, por isso deixe pouco tempo em contato com o sal grosso para limpeza (um pouco de sal grosso + água). Outra opção é usar sal para limpeza sem contato, coloque o cristal em um recipiente de vidro dentro de uma tigela maior com sal ao redor, sem contato direto.

ENERGIZAÇÃO DA ESMERALDA

Luz Solar: energize a Esmeralda expondo-a à luz suave do Sol durante as primeiras horas da manhã. Evite deixá-la sob luz solar direta por longos períodos, pois isso pode afetar sua cor. Deixe o cristal absorver a energia solar por cerca de 30 minutos para recarregar suas propriedades.

Luz Lunar: a luz da Lua, especialmente durante a Lua Cheia, é ideal para energizar a Esmeralda. Deixe-a sob a luz da Lua durante toda a noite para que absorva as energias lunares, que intensificam suas propriedades de cura e equilíbrio emocional.

Energização Terrestre: enterrar a Esmeralda ou colocá-la em um jardim pode ser uma excelente maneira de energizá-la. Deixe-a na terra por algumas horas ou durante a noite para que ela se reconecte com as forças naturais.

DECRETO DE ATIVAÇÃO – ESMERALDA

Para ativar a Esmeralda, segure-a em suas mãos ou visualize etericamente, feche os olhos e respire profundamente. Visualize uma luz verde brilhante emanando do cristal e envolvendo seu coração e sua mente em um manto de amor e sabedoria. Recite o seguinte decreto em voz alta ou mentalmente:

**"Eu ativo as energias da Esmeralda,
trazendo amor, cura e sabedoria para o meu ser.
Que suas vibrações harmonizem meu coração e minha mente,
e que eu seja guiado pelo amor incondicional
e perdão em todas as minhas ações."**

Repita este decreto sempre que sentir a necessidade de renovar a energia da Esmeralda ou antes de usá-la em meditações ou curas.

• FLUORITA •

A Fluorita é conhecida como a "Pedra da Organização Mental" devido à sua capacidade de promover clareza, foco e equilíbrio energético. Com suas cores impactantes, nuances em degrade ela traz uma energia estabilizadora, e é amplamente utilizada para dissipar confusões mentais, melhorar a concentração e proteger contra influências negativas. Este cristal é um poderoso aliado para quem busca aprimorar o raciocínio lógico, estabilizar emoções e manter o campo energético limpo e harmonizado. Além de suas propriedades mentais e emocionais, a fluorita fortalece a conexão entre o corpo físico e espiritual, facilitando o equilíbrio integral. A Fluorita é associada à energia dos unicórnios (seres étéricos de frequência espiritual), especialmente por sua vibração elevada, suas cores etéreas e sua capacidade de expandir a consciência espiritual.

Os unicórnios são seres de luz, associados a dimensões superiores da consciência, à pureza, à sabedoria e à cura espiritual. Em muitas tradições eles são vistos como guardiões da energia cristalina e portadores da pureza divina. Eles atuam como guias espirituais, ajudando na elevação da vibração, na expansão da consciência e na conexão com planos de alta frequência.

CARACTERÍSTICAS MENTAIS

A Fluorita é altamente eficaz em promover a clareza mental e a organização dos pensamentos. Ajuda a dissipar confusões e a trazer uma perspectiva mais clara e lógica, o que a torna ideal para estudantes, profissionais e qualquer pessoa que precise melhorar o foco e a tomada de decisões. Este cristal é conhecido por sua capacidade de melhorar a concentração e a memória, facilitando o processo de aprendizagem e a absorção de informações. A Fluorita é particularmente útil em momentos em que a mente precisa estar totalmente engajada em tarefas específicas.

CARACTERÍSTICAS EMOCIONAIS

A Fluorita ajuda a estabilizar emoções intensas, proporcionando uma sensação de calma e equilíbrio. Auxilia na redução do estresse e na superação de sentimentos de ansiedade e medo, promovendo uma paz interior que ajuda a enfrentar desafios emocionais. Este cristal é excelente para liberar padrões emocionais negativos e superar bloqueios emocionais que impedem o crescimento pessoal. A Fluorita incentiva a autoconfiança e a aceitação, permitindo que o usuário se liberte de emoções e traumas passados.

CARACTERÍSTICAS ENERGÉTICAS

A Fluorita é uma das pedras mais eficazes para limpar e proteger a aura, removendo energias negativas e bloqueios energéticos. Ela também atua como um escudo protetor contra influências externas, especialmente em ambientes carregados.

Também é conhecida por alinhar e harmonizar todos os chakras, promovendo um fluxo de energia saudável e equilibrado por todo o corpo. A Fluorita fortalece o campo energético e facilita a conexão entre os corpos físico e espiritual.

VARIAÇÕES DE COR

A Fluorita é encontrada em uma ampla gama de cores, cada uma com suas próprias características e propriedades energéticas.

Fluorita Verde: conecta-se fortemente ao chakra cardíaco, promovendo a cura física e emocional. Ela é especialmente útil para questões relacionadas ao crescimento pessoal e à renovação.

Fluorita Roxa: relaciona-se ao chakra do terceiro olho, aumentando a intuição e a conexão espiritual. É ideal para práticas de meditação e para aprofundar a compreensão espiritual.

Fluorita Amarela: associada ao chakra do plexo solar, a Fluorita amarela promove a autoconfiança e a expressão criativa. Também auxilia no desenvolvimento do intelecto e na superação de medos relacionados à autoestima.

Fluorita Azul: conectada ao chakra laríngeo, a Fluorita azul facilita a comunicação clara e a expressão da verdade interior. Ela é excelente para quem busca aprimorar habilidades de comunicação e aumentar a clareza mental em situações de alta pressão.

Fluorita Arco-íris: esta variação multicolorida combina as energias de várias cores, promovendo equilíbrio e harmonia entre mente, corpo e espírito. É uma das formas mais versáteis de Fluorita e pode ser usada para uma ampla gama de propósitos.

LIMPEZA DA FLUORITA

Água Corrente: a Fluorita pode ser limpa em água corrente. Deixe a água fluir sobre o cristal por alguns minutos, visualizando as energias acumuladas sendo levadas embora. É importante evitar água muito quente ou fria, para não danificar o cristal.

Defumação: outra maneira eficaz de limpar a Fluorita é passando o cristal pela fumaça de ervas como sálvia, incenso ou cedro. Defume a Fluorita várias vezes, visualizando a purificação de todas as energias negativas.

Água Salina: a Fluorita pode ser sensível ao sal, por isso deixe pouco tempo em contato com o sal grosso para limpeza (um pouco de sal grosso + água). Outra opção é usar sal para limpeza sem contato direto, coloque o cristal em um recipiente de vidro dentro de uma tigela maior com sal ao redor, sem contato.

ENERGIZAÇÃO DA FLUORITA

Luz Lunar: a Fluorita pode ser energizada colocando-a sob a luz da Lua, especialmente durante a Lua Cheia. Deixe-a exposta durante toda a noite para que absorva as energias lunares, o que intensifica suas propriedades espirituais e de proteção.

Luz Solar: embora a Fluorita possa ser exposta à luz solar, faça isso apenas por curtos períodos e com a luz suave do início da manhã, para evitar que suas cores desbotem. Cerca de 20 a 30 minutos de exposição são suficientes para recarregar suas energias.

Energização com Cristais: colocar a Fluorita sobre uma drusa de Quartzo ou em um geodo de Ametista também é uma excelente maneira de amplificar suas propriedades e manter suas energias constantemente elevadas.

Quem são os Unicórnios?

A Fluorita é associada à energia dos unicórnios, especialmente por sua vibração elevada, suas cores etéreas e sua capacidade de expandir a consciência espiritual.

Os unicórnios são seres de luz, associados a dimensões superiores da consciência, à pureza, à sabedoria e à cura espiritual. Em muitas tradições esotéricas e espiritualistas, eles são vistos como guardiões da energia cristalina e portadores da frequência da pureza divina. Eles atuam como guias espirituais, ajudando na elevação da vibração, na expansão da consciência e na conexão com planos de alta frequência.

Conexões Espirituais dos Unicórnios:

1. *Reinos Angélicos:* Alguns ensinamentos associam os unicórnios a frequências próximas às dos anjos, especialmente dos anjos da pureza e da compaixão. Eles são considerados seres que ajudam na proteção da alma e na cura emocional.
2. *Dimensões Superiores:* Os unicórnios estão ligados a dimensões além da terceira, como a 5ª dimensão, onde predominam as energias do amor incondicional, da harmonia e da consciência expandida.
3. *Energia Cristalina:* Eles têm uma forte ligação com cristais de alta vibração, como a fluorita, o quartzo transparente e a selenita, que facilitam a conexão com sua energia sutil.

Embora não sejam elementais tradicionais, os unicórnios mantêm uma relação com a natureza, sendo vistos como protetores das florestas, das fontes de água sagrada e de locais de alta energia espiritual. Eles ajudam a manter o equilíbrio energético da Terra, trabalhando em harmonia com os elementais, especialmente em locais onde a energia da natureza é pura e vibrante.

DECRETO DE ATIVAÇÃO – FLUORITA

Para ativar a Fluorita, segure-a nas mãos ou visualize etericamente, feche os olhos e respire profundamente. Visualize uma luz brilhante, correspondente à cor da Fluorita, envolvendo seu corpo e limpando sua mente e seu campo energético. Recite o seguinte decreto:

"Eu ativo as energias da Fluorita para trazer clareza, proteção e equilíbrio para minha vida. Que sua luz limpe minha mente e harmonize minha aura, permitindo-me viver com foco e paz interior."

Repita este decreto sempre que for utilizar a Fluorita em práticas espirituais ou quando sentir necessidade de intensificar suas energias.

• GRANADA •

A Granada é conhecida como a "Pedra da Força Vital" devido à sua capacidade de estimular a energia, a vitalidade e a determinação. Este cristal é amplamente utilizado para despertar a paixão pela vida, fortalecer a coragem e promover a autoconfiança em momentos de desafios. Com sua energia intensa e revigorante, a granada é uma poderosa aliada para quem busca transformação pessoal, superação de obstáculos e equilíbrio emocional. Além de suas propriedades energéticas, a granada também atua como um cristal de proteção, ancoramento e renovação.

CARACTERÍSTICAS MENTAIS

A Granada é conhecida por sua capacidade de fortalecer a mente, promovendo clareza e determinação. Ajuda a dissipar pensamentos confusos e a focar na resolução de problemas, sendo particularmente útil em situações de tomada de decisão. Este cristal é também um poderoso estimulante da criatividade e da autoconfiança. Incentiva a expressão de ideias e a superação de bloqueios mentais, permitindo que o usuário explore novos caminhos com coragem e convicção.

CARACTERÍSTICAS EMOCIONAIS

A Granada é uma pedra de força e estabilidade. Ela ajuda a superar medos e inseguranças, promovendo coragem em tempos de crise. Este cristal é excelente para revitalizar emoções e trazer uma nova perspectiva e energia para relacionamentos e situações emocionais estagnadas. A Granada é conhecida por sua capacidade de revitalizar e fortalecer as emoções, trazendo uma sensação de segurança e confiança. Ajuda a equilibrar as emoções intensas, promovendo uma paz interior e um senso de controle emocional.

CARACTERÍSTICAS ENERGÉTICAS

Energicamente, a Granada é uma pedra altamente protetora. Ela cria um escudo de energia ao redor de quem a usa, protegendo contra influências negativas e ataques psíquicos. A Granada também é conhecida por ancorar as energias, ajudando a estabilizar e a fortalecer a aura. A Granada está fortemente conectada ao chakra raiz, promovendo o aumento da energia vital e da força de vontade. Ela é uma excelente pedra para aqueles que precisam de um impulso de energia e motivação, especialmente em momentos de exaustão física e mental.

VARIAÇÕES DE COR

Granada Vermelha: associada ao chakra raiz, a Granada Vermelha é a mais comum e é conhecida por promover a energia vital, a coragem e a paixão. Ela é excelente para revitalizar o corpo e o espírito, promovendo um senso de segurança e estabilidade.

Granada Almandina (Marrom): esta variação tem uma conexão forte com a Terra e é especialmente eficaz em promover estabilidade e segurança emocional. A Granada Almandina ajuda a ancorar as energias e a manter o equilíbrio em situações desafiadoras.

Granada Verde (Tsavorita): é uma forma rara da Granada, sua intensa cor verde vem pela presença de vanádio. Conectada ao chakra cardíaco, a Granada verde promove a cura emocional e o crescimento espiritual. Ela é útil para equilibrar as emoções e promover a prosperidade e o sucesso.

LIMPEZA DA GRANADA

Água Corrente: a Granada pode ser limpa em água corrente, permitindo que a água leve embora as energias acumuladas. Segure o cristal sob a água por alguns minutos, visualizando todas as energias negativas sendo lavadas.

Defumação: passe a Granada pela fumaça de incenso, Palo Santo, sálvia ou outras ervas de limpeza para purificar suas energias. Esta técnica é particularmente útil para evitar o desgaste físico do cristal.

Água Salina: a Granada pode ser limpa em água pouco salgada, mas deve ser bem lavada em água doce depois. Coloque a pedra em uma tigela de vidro com água salgada e deixe-a por algumas horas, evitando a exposição prolongada.

ENERGIZAÇÃO DA GRANADA

Luz Solar: a Granada responde muito bem à energização sob a luz solar. Deixe o cristal ao Sol por 30 minutos a uma hora, preferencialmente durante as primeiras horas da manhã, para recarregar sua energia vital.

Luz Lunar: para uma energização mais suave, especialmente se estiver trabalhando com as variações mais delicadas de Granada, como a verde, coloque-a sob a luz da Lua, especialmente durante a Lua Cheia.

Enterrar: a Granada pode ser enterrada durante a noite para uma energização profunda. A terra ajuda a restaurar a energia vital do cristal, especialmente após uso intenso ou em situações desafiadoras.

DECRETO DE ATIVAÇÃO – GRANADA

Para ativar a Granada, segure-a em suas mãos ou visualize etericamente, feche os olhos e concentre-se em seu propósito. Visualize uma luz vermelha ou da cor da Granada que você está usando, envolvendo seu corpo e preenchendo-o com força e coragem. Recite o seguinte decreto:

**"Eu ativo a poderosa energia da Granada
para fortalecer meu corpo, mente e espírito.
Que sua luz me traga coragem, proteção
e vitalidade em todas as áreas da minha vida."**

Repita este decreto sempre que sentir necessidade de intensificar as energias da Granada, especialmente em momentos de crise ou desafios emocionais.

• HEMATITA •

A Hematita é conhecida como a "Pedra do Aterramento" devido à sua poderosa capacidade de promover estabilidade, foco e proteção energética. Com sua energia intensa e fortalecedora, a hematita é amplamente utilizada para ancorar a mente no momento presente, fortalecer a autoconfiança e dissipar energias negativas. Este cristal é um aliado essencial para quem busca equilíbrio emocional, clareza mental e uma conexão profunda com a energia da Terra. Além de suas propriedades de proteção, a hematita também auxilia na prosperidade e na superação de desafios, criando uma base sólida para o crescimento pessoal. É um cristal de Prosperidade também, visto que ele faz ancorar energias na terra, logo pode trazer desejos e co-criações do mudo etérico para a realidade física.

CARACTERÍSTICAS MENTAIS

A Hematita é amplamente conhecida por sua capacidade de promover o foco mental e a concentração. Ela é eficaz para organizar pensamentos e melhorar a memória, o que a torna ideal para momentos em que a clareza mental é essencial. Este cristal ajuda a dissipar distrações, proporcionando uma mentalidade lógica e equilibrada. Também é conhecida por suas propriedades de aterramento, que mantêm quem a usa centrado e focado em situações estressantes.

CARACTERÍSTICAS EMOCIONAIS

É uma pedra de força e estabilidade. Ajuda a superar sentimentos de insegurança, medo e ansiedade, promovendo uma sensação de segurança e confiança interior. Este cristal é útil para aqueles que lidam com emoções intensas ou desafiadoras, pois ajuda a equilibrar essas energias e proporciona uma base emocional sólida. A hematita também é conhecida por sua capacidade de ajudar no controle de impulsos e na superação de vícios.

CARACTERÍSTICAS ENERGÉTICAS

Energeticamente, a Hematita está profundamente conectada ao chakra raiz e ao Estrela da Terra (chakra transpessoal), o que lhe confere propriedades poderosas de aterramento e proteção. É conhecida por refletir e dissipar energias negativas, criando um escudo protetor ao redor da aura.

A Hematita também ajuda a estabilizar a energia do corpo, promovendo o equilíbrio e a harmonia. É uma pedra poderosa para proteção de ataques psíquicos e para fortalecer a conexão com a Terra. Sempre que se sentir "desaterrado", meio aéreo, utilize o poder da hematita. Ela é uma pedra também de prosperidade.

VARIAÇÕES DE COR

Hematita Prateada: focaliza a clareza mental, ancoramento e a proteção energética, sendo a forma mais comum da Hematita.

Hematita Vermelha (Specularita): essa pedra promove a vitalidade e o fortalecimento do corpo físico, além de intensificar a conexão com o chakra raiz.

LIMPEZA DA HEMATITA

Pano Macio: a Hematita pode ser limpa de forma simples e eficaz utilizando um pano macio e seco. Basta esfregar suavemente o cristal para remover qualquer poeira ou energia acumulada.

Água Corrente: se preferir, você pode passar a Hematita rapidamente sob água corrente. Certifique-se de secá-la completamente após o processo. Não pode colocar em água salgada, pois oxida a pedra.

Defumação: outra opção é limpar a Hematita através da defumação com ervas como sálvia, alecrim ou incenso. Passe o cristal pela fumaça para purificá-lo energeticamente.

Selenita: pode deixar a hematita na Selenita para limpar as energias.

ENERGIZAÇÃO DA HEMATITA

Luz Solar: a Hematita pode ser energizada deixando-a sob a luz do Sol por curtos períodos, de preferência durante a manhã. Evite a exposição prolongada, pois isso pode desbotar a cor do cristal.

Enterrar: para uma energização profunda, você pode enterrar a Hematita durante a noite. Esse método permite que o cristal absorva a energia da terra, reforçando suas propriedades de aterramento e proteção.

Luz da Lua: a luz da Lua também pode ser utilizada, especialmente a Lua Cheia, para energizar a Hematita de forma suave e equilibrada.

DECRETO DE ATIVAÇÃO – HEMATITA

Para ativar o poder da Hematita, segure o cristal em suas mãos ou visualize etericamente, feche os olhos e respire profundamente. Visualize uma luz prateada e brilhante envolvendo o cristal e seu corpo, ancorando sua energia na Terra e conectando você ao equilíbrio e à estabilidade. Recite o seguinte decreto:

"Eu ativo a força e o poder protetor da Hematita. Que sua energia prateada me ancore profundamente à Terra, trazendo equilíbrio, clareza mental e proteção. Com este cristal, eu liberto toda negatividade, estabilizo minhas emoções e fortaleço minha conexão com o presente e ancoro minha jornada com propósito à Terra. Assim é."

Visualize a energia da Hematita formando um escudo protetor ao seu redor, ancorando e estabilizando sua energia enquanto ela flui em harmonia com a Terra.

• HOWLITA •

A Howlita é conhecida como a "Pedra da Calma" devido à sua capacidade de promover tranquilidade mental, equilíbrio emocional e uma profunda sensação de paz interior. Este cristal é amplamente utilizado para acalmar a mente hiperativa, aliviar o estresse e facilitar a meditação, ajudando na expansão da consciência e no desenvolvimento da sabedoria espiritual. Além de suas propriedades calmantes, a howlita é ótima aliada para quem busca superar padrões emocionais negativos, cultivar a paciência e o discernimento em situações desafiadoras.

CARACTERÍSTICAS MENTAIS

A Howlita é uma pedra conhecida por promover a paciência, a calma e a tranquilidade mental. Ela é especialmente útil para aqueles que têm uma mente hiperativa ou que sofrem de insônia, ajudando a acalmar os pensamentos acelerados. Este cristal também facilita a expansão do conhecimento e da sabedoria, promovendo uma maior compreensão espiritual. A Howlita incentiva o discernimento e ajuda a reduzir tendências impulsivas, promovendo uma abordagem mais refletida diante dos desafios.

CARACTERÍSTICAS EMOCIONAIS

A Howlita é um poderoso calmante, ideal para apaziguar emoções intensas e aliviar o estresse. É especialmente eficaz para controlar a raiva e a irritabilidade, promovendo a paz interior e a serenidade. Este cristal também ajuda a superar padrões emocionais negativos e a promover a aceitação de si mesmo e dos outros. A Howlita é uma aliada valiosa para quem busca equilíbrio emocional em situações de tensão.

CARACTERÍSTICAS ENERGÉTICAS

A Howlita ressoa com o chakra coronário, facilitando a conexão com planos espirituais superiores. Ela promove a purificação do campo áurico e ajuda a alinhar os chakras, facilitando o fluxo energético pelo corpo. A Howlita também é conhecida por promover a cura emocional profunda e por ajudar a liberar traumas emocionais passados, trazendo uma sensação de renovação e clareza espiritual.

VARIAÇÕES DE COR

Howlita Branca: promove a paz interior e a clareza espiritual, sendo excelente para meditação e para acalmar a mente.

Howlita Azul: facilita a comunicação clara e a expressão emocional, conectando-se fortemente com o chakra laríngeo.

LIMPEZA DA HOWLITA

Água Corrente: a forma mais segura e eficaz de limpar a Howlita é utilizando água corrente em temperatura ambiente. Deixe o cristal sob a água por alguns minutos, enquanto visualiza a liberação de quaisquer energias acumuladas.

Pano Úmido: outra opção é utilizar um pano úmido para limpar a superfície do cristal intencionando sua limpeza energética. Certifique-se de que o pano esteja limpo e levemente umedecido, evitando o uso de produtos químicos.

Sal Grosso: a Howlita é um cristal sensível, e o uso de sal grosso por longa exposição pode danificar sua superfície. Deixe em solução de água e sal grosso de 5 a 15 min e depois lave em água corrente.

ENERGIZAÇÃO DA HOWLITA

Luz da Lua: coloque a Howlita sob a luz da Lua, preferencialmente durante a Lua Cheia, para absorver a energia lunar. Deixe o cristal exposto por algumas horas ou durante toda a noite.

Som e Natureza: coloque a Howlita em um espaço tranquilo, como um jardim ou próximo a plantas, onde ela possa absorver a energia da Natureza. Coloque uma música de alta vibração perto da Howlita. Estes métodos são eficazes para harmonizar e revitalizar o cristal.

Círculo de Cristais: outra opção é energizar a Howlita ao colocá-la em um círculo de cristais de Quartzo transparente, que amplificam sua energia e a revitalizam. Também pode colocar em uma drusa para energizar.

Não é recomendado energizar a Howlita diretamente sob a luz do Sol. A exposição prolongada ao Sol pode desbotar a cor do cristal e, em alguns casos, pode até causar pequenas rachaduras na superfície.

A Howlita é um cristal sensível que responde melhor à energização com luz mais suave, como a luz da Lua, ou em um ambiente tranquilo onde possa absorver a energia da Natureza.

DECRETO DE ATIVAÇÃO – HOWLITA

Para ativar a Howlita, segure o cristal em suas mãos ou visualize etericamente, feche os olhos e respire profundamente. Visualize uma luz branca ou azul envolvendo o cristal e seu corpo, purificando sua mente e emoções. Diga em voz alta ou mentalmente o seguinte decreto:

"Eu ativo as energias da Howlita, permitindo que a paz, a tranquilidade e a sabedoria fluam através de mim. Que este cristal acalme minha mente, equilibre minhas emoções e me guie em direção à clareza espiritual. Que a serenidade da Howlita permeie cada aspecto do meu ser, promovendo paciência, compreensão e a conexão com o meu Eu Superior. Assim é."

Este decreto pode ser recitado enquanto você segura a Howlita em suas mãos, visualizando uma luz branca suave envolvendo o cristal e se expandindo ao seu redor, trazendo paz e equilíbrio.

• JADE •

A Jade é conhecida como a "Pedra da Harmonia e da Abundância" por causa de sua capacidade de equilibrar mente e emoções, promovendo clareza, serenidade e bem-estar. Esse cristal é amplamente utilizado para estimular a sabedoria, fortalecer a intuição e auxiliar na tomada de decisões com discernimento. Além de ser uma poderosa pedra de cura emocional, a jade está associada à prosperidade e à sorte, ajudando a atrair boas oportunidades e a proteger contra energias negativas. Sua forte ligação com o chakra cardíaco torna-a uma excelente aliada para cultivar relacionamentos harmoniosos e um profundo estado de paz interior.

CARACTERÍSTICAS MENTAIS

O Jade é conhecido como a pedra da sabedoria e da clareza mental. Ajuda a equilibrar os pensamentos racionais com as emoções, promovendo uma mente serena e centrada. É ideal para quem busca tomar decisões sábias e para aqueles que desejam alcançar maior compreensão e discernimento em situações complexas.

CARACTERÍSTICAS EMOCIONAIS

O Jade é uma pedra poderosa para a cura do coração e a promoção do amor incondicional. Alivia a negatividade e ajuda a liberar emoções reprimidas, trazendo uma sensação de paz e harmonia interior. O Jade também fortalece os laços afetivos, promovendo a amizade e a confiança.

CARACTERÍSTICAS ENERGÉTICAS

O Jade está fortemente ligado ao chakra cardíaco, promovendo a cura emocional e o equilíbrio energético. É conhecido por atrair prosperidade, sorte e proteção contra energias negativas. O Jade também auxilia na elevação espiritual, facilitando a conexão com energias superiores.

VARIAÇÕES DE COR

Jade Verde: focaliza a cura emocional, a prosperidade e a abundância. É a variação mais comum e a mais associada à boa sorte e à longevidade.

Jade Branca: promove a serenidade espiritual e a purificação. É utilizada para acalmar a mente e o espírito, além de ajudar na busca pela verdade interior.

Jade Vermelha: estimula a paixão, a energia vital e o poder de manifestação. É excelente para revitalizar a força de vontade e a coragem.

LIMPEZA DO JADE

Água Corrente: para a limpeza regular do Jade use água corrente em temperatura ambiente. Segure a pedra sob a água, permitindo que a corrente a lave enquanto você visualiza qualquer energia negativa sendo levada pela água. Esse método é suave e adequado para uma limpeza energética básica.

Pano Úmido: se o Jade estiver em uma peça de joalheria ou se preferir evitar água direta, use um pano macio e ligeiramente úmido. Limpe suavemente a superfície da pedra, removendo qualquer sujeira física ou energias acumuladas.

Defumação: para uma limpeza mais profunda, defume o Jade usando ervas como sálvia, alecrim ou incenso. Passe a pedra pela fumaça algumas vezes, visualizando a remoção de qualquer energia negativa ou estagnada. Esse método é especialmente útil após situações de alta carga emocional ou uso intenso.

Água Salgada: o Jade é uma pedra resistente, mas é recomendável evitar o uso prolongado de sal grosso, pois o contato contínuo pode desgastar sua superfície. Se optar por usar sal grosso, faça-o ocasionalmente e por um período muito curto, mergulhando o Jade em água salgada por algumas horas e enxaguando bem em água corrente.

ENERGIZAÇÃO DO JADE

Luz Solar: coloque o Jade sob a luz do Sol por cerca de 30 minutos no início da manhã. A luz solar suave ajudará a revitalizar as energias da pedra sem causar desbotamento. Evite a exposição prolongada à luz solar direta para preservar a cor da pedra.

Luz Lunar: a luz da Lua, especialmente durante a Lua Cheia, é uma excelente fonte de energização para o Jade. Deixe a pedra ao ar livre ou em uma janela onde possa absorver a luz lunar durante a noite. A luz da Lua é ideal para intensificar as propriedades espirituais e curativas do Jade.

Contato com a Terra: enterrar o Jade é uma maneira poderosa de restaurar suas energias naturais. Deixe a pedra enterrada em solo limpo e sagrado por 24 horas. Esse método permite que a Jade se reconecte com as forças vitais da Terra, recarregando sua energia de forma profunda.

Cristais de Quartzo: colocar o Jade sobre uma drusa de Quartzo ou dentro de um geodo de Ametista ou Quartzo é uma maneira eficaz de amplificar suas energias. O Quartzo age como um amplificador natural, intensificando as vibrações positivas do Jade. Deixe a pedra em contato com o Quartzo por algumas horas ou durante a noite.

DECRETO DE ATIVAÇÃO – JADE

Para ativar o Jade, segure o cristal em suas mãos ou mentalize o cristal etérico, feche os olhos e respire profundamente. Este decreto ajuda a sintonizar suas energias com as do Jade, amplificando seus efeitos positivos:

**"Eu ativo a energia sagrada do Jade, cristal de sabedoria e harmonia.
Que sua vibração desperte em mim a serenidade,
a clareza mental, e o amor incondicional.
Que sua luz verde penetre em meu ser,
trazendo equilíbrio emocional, cura profunda,
e prosperidade em todas as áreas da minha vida.
Eu honro este cristal que me traz alegria e boa sorte. Assim é!"**

Este decreto ajuda a sintonizar suas energias com as do Jade, amplificando seus efeitos positivos.

• JASPE •

O Jaspe é conhecida como a "Pedra da Estabilidade" devido à sua forte capacidade de promover enraizamento, resiliência e equilíbrio emocional. Com sua energia firme e forte, esse cristal auxilia na concentração, na superação de desafios e no fortalecimento da determinação para alcançar objetivos. Além de acalmar emoções turbulentas, o jaspe forma um escudo energético contra influências negativas, proporcionando uma sensação de segurança e proteção. Sua conexão com o chakra raiz fortalece a conexão com a Terra, trazendo estabilidade e sustentação energética para o corpo e a mente.

CARACTERÍSTICAS MENTAIS

O Jaspe é conhecido por ajudar a acalmar uma mente agitada, promovendo clareza e foco. Ele é ideal para quem precisa de concentração prolongada em projetos ou tarefas, ajudando a manter a determinação e a evitar distrações. Este cristal também promove a resiliência mental, auxiliando na superação de desafios e dificuldades. Ele fortalece a determinação e a persistência, tornando-o útil para quem busca alcançar objetivos a longo prazo.

CARACTERÍSTICAS EMOCIONAIS

O Jaspe é uma pedra de equilíbrio emocional. Ajuda a estabilizar emoções turbulentas, promovendo uma sensação de segurança e tranquilidade. É especialmente útil para quem enfrenta crises emocionais ou desafios relacionais. Conhecido por suas propriedades protetoras, o Jaspe forma um escudo energético que bloqueia energias negativas, ajudando a preservar a integridade emocional. Ele também é eficaz em acalmar o medo e a ansiedade, promovendo um sentimento de paz.

CARACTERÍSTICAS ENERGÉTICAS

O Jaspe está fortemente ligado ao chakra raiz, promovendo ancoragem e estabilidade energética. Ele ajuda a conectar o corpo à energia da Terra, fortalecendo a base energética e proporcionando uma sensação de segurança. Além de estabilizar, o Jaspe também purifica a aura, eliminando energias negativas acumuladas e restaurando o equilíbrio energético. É ideal para quem busca proteção espiritual e um campo áurico mais forte.

VARIAÇÕES DE COR

Jaspe Vermelho: estimula a vitalidade mental, ajudando a superar a letargia e a procrastinação. Promove uma abordagem dinâmica e assertiva aos desafios. Fomenta a coragem e a paixão, ajudando a superar medos e a tomar decisões com confiança. Conectado ao chakra raiz, o Jaspe vermelho fortalece a energia vital e promove a estabilidade física e emocional.

Jaspe Amarelo: facilita a clareza mental e o foco em objetivos específicos, promovendo a tomada de decisões práticas e racionais. Acalma as emoções e promove a autoconfiança, ajudando a lidar com a timidez e a insegurança. Associado ao chakra do plexo solar, este tipo de Jaspe energiza e fortalece o centro de poder pessoal, promovendo a autoconfiança e o equilíbrio emocional.

Jaspe Verde: promove o equilíbrio entre o pensamento racional e a intuição, ajudando a manter a calma e a clareza em situações de pressão. Facilita a cura emocional, promovendo a aceitação e o perdão, e ajudando a superar mágoas e ressentimentos. Conectado ao chakra cardíaco, o Jaspe Verde promove a cura emocional e o crescimento espiritual, ajudando a harmonizar o corpo, mente e espírito.

Jaspe Dálmata: estimula a diversão e a leveza, promovendo uma perspectiva positiva e equilibrada da vida. Acalma o coração, reduzindo o estresse e a ansiedade, e promovendo a alegria e a confiança. Equilibra as energias do corpo, promovendo uma integração harmoniosa entre a mente e o corpo físico.

LIMPEZA DO JASPE

Água Corrente: a forma mais simples de limpar o Jaspe é segurando a pedra sob água corrente por alguns minutos. Certifique-se de que a água esteja fria ou em temperatura ambiente. A água ajuda a remover as energias acumuladas e a restaurar a pureza do cristal.

Defumação: outra maneira eficaz de limpar o Jaspe é através da defumação. Utilize ervas como sálvia, incenso ou Palo Santo. Passe o Jaspe pela fumaça, permitindo que ela purifique a energia da pedra.

Banho de Sal: o Jaspe pode ser colocado em um banho de água salgada por algumas horas para uma limpeza mais profunda. Utilize sal grosso ou sal marinho e certifique-se de enxaguar bem o cristal após o processo. Evite deixar o Jaspe submerso por muito tempo, pois o sal pode afetar a aparência da pedra.

ENERGIZAÇÃO DO JASPE

Luz Solar: o Jaspe pode ser energizado sob a luz do Sol. Coloque o cristal ao ar livre por algumas horas durante o dia, de preferência na manhã. A luz solar recarrega as energias da pedra, fortalecendo suas propriedades de proteção e ancoragem.

Luz da Lua: para uma energização mais suave e espiritual, coloque o Jaspe sob a luz da Lua, especialmente durante a Lua Cheia. Isso ajudará a intensificar suas propriedades curativas e de equilíbrio emocional.

Contato com a Terra: o Jaspe tem uma forte conexão com a energia da terra. Para energizá-lo, você pode enterrá-lo por 24 horas. Isso permitirá que o cristal absorva a energia da terra, reforçando suas propriedades estabilizadoras e protetoras.

DECRETO DE ATIVAÇÃO – JASPE

Para ativar o poder do Jaspe, segure o cristal em suas mãos ou visualize etericamente, feche os olhos e respire profundamente. Visualize uma luz intensa e vibrante, na cor correspondente ao Jaspe que você está utilizando, envolvendo o cristal e seu corpo, conectando-se à estabilidade e à força da Terra. Recite o seguinte decreto:

**"Eu invoco a energia estabilizadora e protetora do Jaspe.
Que sua força ancestral me ancore profundamente à Terra,
trazendo equilíbrio, clareza e proteção
em todos os níveis do meu ser.
Eu permito que suas energias fluam
livremente em minha vida,
fortalecendo minha determinação e
promovendo paz e segurança. Assim é!"**

O Jaspe é um cristal poderoso para aqueles que buscam estabilidade, proteção e um apoio constante em sua jornada emocional e espiritual.

• LABRADORITA •

A Labradorita é conhecida como a "Pedra da Transformação" devido à sua capacidade de fortalecer a intuição, expandir a consciência e proteger contra influências externas. Com sua energia mística e envolvente, esse cristal é amplamente utilizado para estimular habilidades psíquicas, aprofundar a introspecção e revelar verdades ocultas. Além de auxiliar no equilíbrio emocional, a labradorita cria um escudo energético ao redor da aura, bloqueando energias densas e preservando a força vital. Sua forte conexão com os chakras superiores facilita a comunicação com o Eu Superior e os planos espirituais.

CARACTERÍSTICAS MENTAIS

A Labradorita é conhecida como a pedra da transformação e proteção mental. Este cristal é especialmente útil para aqueles que buscam expandir a consciência e aprofundar o entendimento das próprias emoções e pensamentos. A Labradorita estimula a mente, promovendo a introspecção e ajudando a revelar a verdade oculta por trás das ilusões. É uma pedra ideal para quem busca desenvolver habilidades psíquicas, como a intuição e a percepção espiritual, além de proteger a mente contra influências externas negativas.

CARACTERÍSTICAS EMOCIONAIS

A Labradorita é um cristal de estabilidade e autoconfiança. Ajuda a equilibrar as emoções, especialmente durante períodos de mudança e transição, proporcionando força interior e perseverança. A Labradorita é conhecida por dissipar inseguranças e medos, tornando-a uma aliada poderosa para aqueles que enfrentam desafios emocionais ou que precisam de suporte para superar medos e incertezas. Além disso, a Labradorita auxilia na cura de traumas emocionais antigos, promovendo uma renovação emocional.

CARACTERÍSTICAS ENERGÉTICAS

É uma pedra de proteção poderosa. Ela forma um escudo ao redor da aura, protegendo de energias negativas e ataques psíquicos. Este cristal é particularmente eficaz para bloquear a perda de energia, ajudando a preservar a força vital e manter o equilíbrio energético. A Labradorita também é um facilitador para a comunicação espiritual, conectando-se ao chakra da coroa e ao terceiro olho, e facilitando a conexão com guias espirituais e o Eu Superior.

VARIAÇÕES DE COR

Labradorita Azul: esta variação é particularmente forte na promoção de clareza mental e comunicação espiritual. Ela estimula o terceiro olho e ajuda na visualização e no desenvolvimento de habilidades intuitivas.

Labradorita Verde: conecta-se mais profundamente ao chakra cardíaco, facilitando a cura emocional e a conexão com a Natureza. É excelente para quem busca um equilíbrio entre a mente, o coração e a Terra.

LIMPEZA DA LABRADORITA

Água Corrente: segure a Labradorita sob água corrente, como a água de uma torneira, por alguns minutos. Visualize a água levando embora todas as energias negativas acumuladas no cristal.

Limpeza a Seco: se preferir, você pode limpar a Labradorita com um pano macio e seco. Essa opção é ideal se você deseja preservar ao máximo a superfície do cristal.

Defumação: passe a Labradorita pela fumaça de ervas sagradas, como sálvia, incenso ou Palo Santo. A defumação é um método suave que também purifica energeticamente o cristal.

A Labradorita é um cristal que deve ser tratado com cuidado, especialmente quando se trata de limpeza com sal grosso. Este método não é recomendado para a Labradorita, pois o sal grosso pode causar abrasões e danificar a superfície do cristal, comprometendo sua aparência e propriedades energéticas.

ENERGIZAÇÃO DA LABRADORITA

Luz da Lua: coloque a Labradorita sob a luz da Lua Cheia por várias horas, preferencialmente do lado de fora ou perto de uma janela. A energia lunar é ideal para intensificar as propriedades espirituais e protetoras da Labradorita.

Contato com a Terra: enterre a Labradorita em solo natural, em um jardim ou vaso de plantas, por algumas horas ou durante a noite. Esse método permite que o cristal recarregue suas energias diretamente da terra, reforçando sua conexão com a Natureza e sua capacidade de ancoragem.

Energização em Ambientes Naturais: deixe a Labradorita em um espaço natural, como perto de uma árvore ou em um jardim, onde possa absorver as energias do ambiente. Isso não só energiza o cristal como também o alinha com as forças naturais ao seu redor.

DECRETO DE ATIVAÇÃO – LABRADORITA

Para ativar a Labradorita, segure o cristal em suas mãos ou visualize etericamente, feche os olhos e respire profundamente. Visualize uma luz azul ou verde, refletindo as cores iridescentes da Labradorita, envolvendo o cristal e seu corpo, criando um escudo protetor ao seu redor. Diga em voz alta ou mentalmente o seguinte decreto:

**"Eu ativo as energias da Labradorita, permitindo que a proteção,
a intuição e a transformação fluam através de mim.
Que este cristal me guie na jornada de conexão espiritual,
fortalecendo minha aura e bloqueando energias negativas.
Que a luz da Labradorita revele minha verdade interior,
amplie minha percepção e me conecte com os reinos superiores.
Assim é."**

Este decreto pode ser recitado enquanto você segura a Labradorita em suas mãos, visualizando a luz iridescente envolvendo o cristal e se expandindo ao seu redor, trazendo proteção, clareza e conexão espiritual.

• LÁPIS-LAZÚLI •

O Lápis-Lazúli é conhecido como a "Pedra da Sabedoria" devido a sua forte conexão com o conhecimento, a intuição e a expressão autêntica. Reverenciada desde a antiguidade, esse cristal estimula a busca pela verdade, aprimora a autoconsciência e fortalece a comunicação com planos superiores. Além de proporcionar clareza mental e equilíbrio emocional, o lápis-lazúli atua como um escudo energético, protegendo contra influências externas e auxiliando no despertar espiritual. Sua profunda ligação com o chakra do terceiro olho facilita o desenvolvimento da intuição e da visão interior, tornando uma ferramenta poderosa para quem busca expansão da consciência.

O Lápis-Lazúli é uma pedra de cor azul profunda, frequentemente com veios dourados de Pirita, que simboliza a realeza, a sabedoria e a verdade. Este cristal tem sido reverenciado desde a Antiguidade, sendo usado por faraós e sacerdotes no Egito, e é conhecido por suas poderosas propriedades espirituais e de cura.

CARACTERÍSTICAS MENTAIS

O Lápis-Lazúli promove uma clareza mental única, ajudando a dissipar confusões e a facilitar a tomada de decisões fundamentadas na verdade interior. Este cristal é excelente para aqueles que buscam expandir suas capacidades intelectuais e aumentar a concentração. Este cristal é conhecido por estimular a busca pela verdade e pela sabedoria. Incentiva o desenvolvimento da autoconsciência e da autocompreensão, abrindo a mente para novas ideias e perspectivas.

CARACTERÍSTICAS EMOCIONAIS

O Lápis-Lazúli é uma pedra poderosa para equilibrar as emoções, proporcionando uma sensação de calma e serenidade. Ele ajuda a liberar estresse, ansiedade e sentimentos de frustração, promovendo a paz interior. Este cristal encoraja a expressão sincera e honesta dos sentimentos, fortalecendo os laços nos relacionamentos pessoais e ajudando a resolver conflitos de maneira pacífica.

CARACTERÍSTICAS ENERGÉTICAS

O Lápis-Lazúli está fortemente ligado ao chakra do terceiro olho, facilitando a intuição, a percepção espiritual e a comunicação com o Eu Superior. Ele abre portas para o autoconhecimento e a exploração dos mistérios do Universo. Ele protege de psíquicos, refletindo as energias negativas de volta à sua fonte. Cria uma barreira energética ao redor de quem o usa, promovendo um escudo de luz e proteção.

VARIAÇÕES DE COR

Lápis-Lazúli Azul-escuro: a versão mais comum e valorizada, associada ao fortalecimento da intuição, da sabedoria e da comunicação espiritual.

Lápis-Lazúli Azul-claro: promove a expressão criativa e a comunicação clara, sendo especialmente útil para aqueles que desejam expressar suas ideias com confiança.

LIMPEZA DO LÁPIS-LAZÚLI

Água Corrente: limpe o Lápis-Lazúli suavemente em água corrente por alguns minutos, visualizando a água limpando todas as impurezas e energias negativas. Evite deixar o cristal submerso por longos períodos, especialmente em água salgada, pois pode danificar sua superfície.

Defumação: utilize ervas como sálvia, incenso ou Palo Santo para defumar o Lápis-Lazúli. Passe o cristal pela fumaça, permitindo que seja purificado sem riscos de danos.

Limpeza a Seco: use um pano macio para limpar a superfície do Lápis-Lazúli, removendo qualquer poeira ou sujeira.

O Lápis-Lazúli é uma pedra sensível, especialmente devido à sua composição que inclui minerais como calcita e Pirita. O uso de sal grosso, especialmente em água, pode ser prejudicial ao cristal, pois pode causar danos na superfície e comprometer sua estrutura ao longo do tempo. O sal grosso pode arranhar a superfície do Lápis-Lazúli e, quando combinado com água, pode penetrar em microfissuras, causando erosão ou manchas na pedra.

ENERGIZAÇÃO DO LÁPIS-LAZÚLI

Luz da Lua: energize o Lápis-Lazúli sob a luz da Lua, especialmente durante a Lua Cheia, para amplificar suas propriedades espirituais e intuitivas.

Espaço Sagrado: coloque o Lápis-Lazúli em um altar ou espaço sagrado para que ele absorva a energia espiritual do ambiente, intensificando sua conexão com o Eu Superior.

Drusa de Quartzo: pode deixar por algumas horas para energizar.

O Lápis-Lazúli é um cristal que não reage bem à exposição prolongada à luz solar direta. A luz solar intensa pode desbotar sua cor vibrante e afetar a integridade do cristal, alterando sua cor para uma coloração mais pálida.

O calor excessivo gerado pelo Sol pode causar microfissuras ou aumentar a fragilidade do cristal, especialmente se ele já tiver pequenas imperfeições.

DECRETO DE ATIVAÇÃO – LÁPIS-LAZÚLI

Para ativar o Lápis-Lazúli, segure o cristal em suas mãos ou visualize etericamente, feche os olhos e respire profundamente. Visualize uma luz azul escura envolvendo o cristal e seu corpo, conectando-se ao seu terceiro olho e ampliando sua visão espiritual. Diga em voz alta ou mentalmente o seguinte decreto:

"Eu ativo as energias sagradas do Lápis-Lazúli, permitindo que a sabedoria, a verdade e a iluminação fluam através de mim.
Que este cristal abra meu terceiro olho, fortaleça minha intuição e me guie em direção à verdade espiritual.
Que a paz e a proteção do Lápis-Lazúli envolvam minha mente, meu coração e minha alma. Assim é."

Este decreto pode ser recitado enquanto você segura o Lápis-Lazúli em suas mãos, visualizando uma luz azul profunda envolvendo o cristal e se expandindo ao seu redor, trazendo clareza, proteção e sabedoria.

• LARIMAR •

A Larimar é conhecida como a "Pedra da Calma do Oceano" ou Pedra dos Golfinhos" devido à sua capacidade de trazer tranquilidade, promover clareza mental e facilitar a expressão da verdade interior. É conhecida também como "Pedra da Atlântida", pois acredita-se que era utilizada pelos antigos habitantes da civilização atlante para cura e elevação espiritual. Com sua energia suave e equilibradora, esse cristal auxilia na liberação de medos, na cura emocional profunda e no fortalecimento da autoconfiança. Sua conexão com os chakras laríngeo e cardíaco torna a Larimar uma poderosa aliada para a comunicação sincera, a cura emocional e a expansão da consciência espiritual. Além disso, sua vibração elevada está associada à energia das águas e ao fluxo natural da vida, promovendo paz e harmonia.

CARACTERÍSTICAS MENTAIS

A Larimar é uma pedra que promove a clareza mental e a tranquilidade. Ela ajuda a dissipar pensamentos negativos, trazendo uma sensação de calma e paz interior. É ideal para pessoas que buscam aliviar o estresse mental e encontrar uma nova perspectiva em situações difíceis. A Larimar também é conhecida por facilitar a expressão da verdade, ajudando a comunicar ideias e sentimentos com clareza e compaixão.

CARACTERÍSTICAS EMOCIONAIS

A Larimar é uma pedra de cura profunda. Ela auxilia na liberação de medos e fobias, ajudando a superar traumas emocionais e a promover a autoconfiança. A Larimar acalma emoções intensas, como raiva e frustração, substituindo-as por uma sensação de serenidade e equilíbrio. É particularmente eficaz para curar padrões emocionais antigos e facilitar a mudança.

CARACTERÍSTICAS ENERGÉTICAS

A Larimar está fortemente conectada ao chakra laríngeo, facilitando a comunicação clara e sincera. Ela também ressoa com o chakra cardíaco, promovendo amor e compaixão. É uma pedra de alta vibração que facilita a conexão com planos espirituais superiores e promove a cura energética. Ela também é conhecida como a "pedra dos Golfinhos", ligada à energia do mar e ao poder de cura das águas.

VARIAÇÕES DE COR

Larimar Azul-claro: concentra-se na tranquilidade e na cura emocional.

Larimar Verde-azulado: promove a conexão com a Natureza e a purificação energética.

LIMPEZA DA LARIMAR

Água Corrente: passe a Larimar sob água corrente por alguns minutos, visualizando as energias negativas sendo levadas embora pela água. Certifique-se de secar o cristal imediatamente com um pano macio.

Defumação: use incenso de sálvia, Palo Santo ou outra erva purificadora. Passe a fumaça ao redor do cristal, permitindo que ele absorva a energia de limpeza.

Som: utilize uma tigela tibetana para limpar energeticamente a Larimar através de vibrações sonoras. As ondas sonoras ajudam a desintegrar energias negativas acumuladas no cristal.

Água e Sal Grosso: a Larimar é um cristal delicado, por isso deve ser tratada com cuidado durante a limpeza. Evite usar sal grosso diretamente no cristal, pois isso pode causar danos à sua superfície. Caso utilize água e sal grosso, que seja por curtos períodos e enxágue bem em água corrente.

ENERGIZAÇÃO DA LARIMAR

Luz Solar: coloque a Larimar sob a luz suave do Sol matinal por cerca de 20 a 30 minutos. Evite a exposição prolongada, pois a luz intensa do Sol pode desbotar a cor do cristal.

Luz Lunar: energize a Larimar durante a Lua Cheia, deixando-a sob a luz da Lua durante a noite inteira. A energia lunar é suave e ideal para recarregar a Larimar, especialmente em processos de cura emocional.

Contato com a Natureza: coloque a Larimar em um jardim ou perto de plantas por algumas horas. A energia vital da Natureza ajuda a reequilibrar as energias do cristal.

Drusa de Quartzo: pode deixar por algumas horas para energizar.

DECRETO DE ATIVAÇÃO – LARIMAR

Para ativar a Larimar, segure o cristal em suas mãos ou visualize etericamente, feche os olhos e respire profundamente. Visualize uma luz azul clara envolvendo o cristal e seu corpo, trazendo paz e cura. Diga em voz alta ou mentalmente o seguinte decreto:

"Eu ativo as energias sagradas da Larimar, permitindo que a serenidade, a cura e a verdade fluam através de mim. Que este cristal acalme minhas emoções, clareie minha mente e me guie em direção à expressão sincera e amorosa. Que esse cristal me conecte com a sabedoria das águas e a paz interior. Assim é."

Este decreto pode ser recitado enquanto você segura a Larimar, visualizando uma luz azul clara envolvendo o cristal e expandindo-se ao seu redor, trazendo tranquilidade e equilíbrio.

• MALAQUITA •

A Malaquita é conhecida como a "Pedra da Transformação" devido à sua poderosa capacidade de promover crescimento, cura emocional e proteção energética. Esse cristal atua como um catalisador para mudanças internas e externas, auxiliando na superação de bloqueios emocionais e na liberação de padrões negativos. Além de estimular a clareza mental e a introspecção, a malaquita é muito utilizada para absorver energias densas e purificar o campo energético. Sua forte conexão com o chakra do coração torna-a uma aliada essencial para quem busca equilíbrio emocional, renovação espiritual e uma jornada de autoconhecimento mais profunda.

CARACTERÍSTICAS MENTAIS

A Malaquita é uma pedra profundamente transformadora, conhecida por sua capacidade de estimular o intelecto e promover uma clareza mental que ajuda a processar e compreender informações complexas. Ela incentiva a introspecção e a análise, sendo ideal para quem deseja resolver problemas com uma perspectiva mais clara e organizada. A Malaquita também ajuda a identificar e a romper padrões de pensamento negativos ou autossabotadores, substituindo-os por abordagens mais positivas e construtivas.

CARACTERÍSTICAS EMOCIONAIS

A Malaquita é uma poderosa aliada na cura de traumas e no enfrentamento de emoções reprimidas. Este cristal é frequentemente utilizado para trabalhar questões emocionais profundas, promovendo a liberação de sentimentos dolorosos e a superação de mágoas antigas. A Malaquita encoraja a expressão emocional saudável, ajudando a trazer à tona e transformar emoções ocultas. Além disso, ela promove a empatia e a compreensão, fortalecendo os laços emocionais e a compaixão.

CARACTERÍSTICAS ENERGÉTICAS

A Malaquita é uma das pedras mais poderosas para proteção e transformação. É conhecida por sua capacidade de absorver energias negativas e poluentes do ambiente e do corpo, promovendo uma limpeza energética profunda. A Malaquita está fortemente conectada ao chakra do coração, facilitando a cura emocional e espiritual. Ela também é utilizada para equilibrar as energias femininas e masculinas dentro do ser, promovendo uma harmonia interna. Sua energia intensa pode amplificar tanto aspectos positivos quanto negativos, tornando essencial que seja utilizada com consciência e equilíbrio.

VARIAÇÕES DE COR

Malaquita Verde-escuro: promove uma cura emocional profunda e facilita a transformação interior.

Malaquita Verde-claro: facilita a conexão com a Natureza e promove o equilíbrio emocional, trazendo uma energia mais suave e calmante.

LIMPEZA DA MALAQUITA

Pano Seco: a maneira mais segura de limpar a Malaquita é usar um pano macio e seco. Simplesmente esfregue suavemente o cristal com o pano para remover poeira e impurezas da superfície.

Defumação: para uma limpeza energética mais profunda, passe a Malaquita pela fumaça de incenso, sálvia, ou Palo Santo. A fumaça ajuda a purificar a energia acumulada no cristal sem danificá-lo fisicamente.

Limpeza com a Terra: a Malaquita pode ser enterrada para absorver e transmutar as energias negativas. Coloque o cristal em um vaso de plantas ou diretamente no solo durante a noite. Certifique-se de que o local seja seguro para evitar a perda do cristal. Após a limpeza, retire a Malaquita da terra e limpe-a com um pano seco ou água corrente para remover quaisquer resíduos de solo.

Limpeza com outros cristais: coloque a Malaquita sobre uma drusa de Quartzo ou Selenita para uma limpeza energética segura.

Não é recomendado limpar a Malaquita em água com sal grosso. A Malaquita é um cristal sensível, contendo uma alta concentração de cobre, o que a torna suscetível a danos quando exposta à água ou ao sal. O contato com água e sal pode causar corrosão, alterar sua aparência e até mesmo torná-la tóxica.

ENERGIZAÇÃO DO MALAQUITA

Luz Solar: coloque a Malaquita sob a luz suave do Sol matinal por cerca de 20 a 30 minutos. Evite a exposição prolongada, pois a luz intensa do Sol pode desbotar a cor do cristal.

Luz Lunar: coloque a Malaquita sob a luz da Lua, preferencialmente durante a Lua Cheia, para que absorva a energia lunar. A energia da Lua é suave e harmoniosa, complementando as propriedades curativas da Malaquita. Deixe o cristal ao luar durante toda a noite e retire-o antes do amanhecer para evitar a exposição ao sol.

Energização com Plantas: coloque a Malaquita próxima a plantas saudáveis e vigorosas. As plantas emitem uma energia vital que pode ajudar a revitalizar a Malaquita. Deixe o cristal em contato com as plantas por algumas horas ou durante a noite.

Energização com Cristais: você pode energizar a Malaquita utilizando outros cristais que possuam uma vibração elevada, como o Quartzo Cristal ou drusa de cristal. Coloque a Malaquita próxima a um desses cristais por algumas horas.

Evitar Exposição ao Sol: a Malaquita não deve ser exposta à luz solar direta por períodos prolongados, pois a exposição ao Sol pode desbotar sua cor vibrante e diminuir suas propriedades energéticas.

Sensibilidade à Água: embora a Malaquita possa ser limpa rapidamente com água corrente, é melhor evitar esse método, especialmente com água salgada, para prevenir danos ao cristal.

DECRETO DE ATIVAÇÃO – MALAQUITA

Para ativar a Malaquita, segure o cristal em suas mãos ou visualize etericamente e feche os olhos. Respire profundamente, visualizando uma luz verde intensa envolvendo o cristal e seu corpo. Concentre-se na energia transformadora da Malaquita, permitindo que ela penetre em seu campo energético. Diga em voz alta ou mentalmente o seguinte decreto:

"Eu ativo as energias transformadoras da Malaquita, permitindo que sua força me guie na cura emocional e na liberação de padrões negativos. Que este cristal absorva e transmute todas as energias indesejadas, trazendo equilíbrio, proteção e renovação. Com a Malaquita, eu me conecto ao meu coração e ao poder da Terra, promovendo transformação profunda em todos os níveis do meu ser. Eu amplifico essa energia! Assim é."

Este decreto pode ser recitado enquanto você segura a Malaquita, visualizando sua luz verde expandindo-se ao redor de você, trazendo cura e proteção.

• MOLDAVITA •

A Moldavita é um cristal raro, poderoso e conhecido como a "Pedra da Ascensão" devido à sua intensa vibração e conexão com planos superiores de consciência. Formada a partir do impacto de um meteorito há 15 milhões de anos, na região da atual República Tcheca, essa pedra extraterrestre possui uma energia única que acelera o despertar espiritual, expande a percepção e promove profundas transformações internas. Sua alta frequência a torna um cristal excepcional para aqueles que buscam evolução, mudanças rápidas e uma conexão mais profunda com sua missão de vida. Além disso, sua forte atuação nos chakras superiores facilita a intuição, a comunicação com guias espirituais e a ampliação da consciência cósmica. A Moldavita é um tipo de tectita que possui uma vibração energética muito elevada, sendo frequentemente associada à transformação profunda e à elevação espiritual.

CARACTERÍSTICAS MENTAIS

A Moldavita é conhecida por sua capacidade de expandir a mente e trazer clareza mental. Ela auxilia na conexão com planos superiores de consciência, facilitando a compreensão de questões complexas e oferecendo novas perspectivas. Este cristal é excelente para aqueles que estão buscando inspiração e novas ideias. Estimula o pensamento criativo e pode ser particularmente útil para escritores, artistas e inovadores que desejam expandir suas capacidades criativas.

CARACTERÍSTICAS EMOCIONAIS

A Moldavita é uma poderosa ferramenta para a liberação de traumas e bloqueios emocionais. Atua profundamente no campo emocional, ajudando a trazer à tona memórias e sentimentos reprimidos para serem processados e curados.

CARACTERÍSTICAS ENERGÉTICAS

A Moldavita é extremamente poderosa no campo energético e espiritual. Ela é conhecida por abrir e ativar o chakra do terceiro olho e o chakra coronário, facilitando a comunicação com guias espirituais, anjos e outras entidades de luz. Este cristal acelera o processo de ascensão espiritual, ajudando na integração de energias superiores e na ativação do potencial espiritual latente. A Moldavita pode também facilitar experiências de meditação profunda, viagens astrais e comunicação com outras dimensões. Devido à sua origem extraterrestre, a Moldavita possui uma vibração extremamente elevada que pode ser intensa para algumas pessoas. É comum sentir calor ou uma pulsação forte ao segurar ou usar a Moldavita, indicando sua potente energia.

Atenção: a Moldavita é um cristal para aqueles que estão prontos para mudanças profundas e transformações significativas em suas vidas. Seu poder pode ser avassalador para alguns, por isso é recomendado usá-la com cuidado, especialmente durante as primeiras interações com o cristal. Integrar a Moldavita ao seu campo energético pode trazer avanços rápidos em sua jornada espiritual, tornando-a uma companheira inestimável para a evolução pessoal e espiritual.

Este é um cristal de transformação e expansão espiritual, incluindo a ativação do DNA e o despertar espiritual.

VARIAÇÕES DE COR

Moldavita Verde-escuro: essa variação é a mais comum e está associada a uma conexão mais profunda com a Terra e à transformação pessoal.

Moldavita Verde-claro: associada a uma energia mais leve e à facilidade de adaptação às mudanças, além de favorecer a comunicação espiritual.

LIMPEZA DA MOLDAVITA

A Moldavita é um cristal de vibração extremamente elevada, e por isso requer uma abordagem cuidadosa para sua limpeza e energização. Por ser uma tectita formada por um impacto de meteorito, ela possui características únicas que influenciam a forma como deve ser tratada energeticamente.

Água Corrente: a forma mais simples e segura de limpar a Moldavita é segurá-la sob água corrente, de preferência água de uma nascente ou rio natural. Se não for possível, água corrente da torneira também é eficaz. Ao realizar a limpeza, visualize a água levando embora qualquer energia negativa ou estagnada do cristal.

Fumaça de Ervas: outra forma eficaz de limpar a Moldavita é através da defumação com ervas como sálvia, cedro ou Palo Santo. Passe o cristal pela fumaça, visualizando-a purificando e renovando a energia da Moldavita.

Som: sons como cânticos, sinos tibetanos podem ser usados para limpar a Moldavita. A vibração sonora é especialmente útil, pois ressoa com a alta frequência natural do cristal.

Importante: a Moldavita é sensível ao calor e à água salgada. Evite submergir a Moldavita em sal grosso diluído ou expô-la ao Sol intenso por muito tempo, pois isso pode afetar sua integridade física e energética.

ENERGIZAÇÃO DO MOLDAVITA

Luz da Lua: energizar a Moldavita sob a luz da Lua, especialmente durante a Lua Cheia, é uma das formas mais suaves e poderosas de recarregar seu cristal. Coloque a Moldavita em um lugar onde possa receber a luz lunar direta e visualize a luz da Lua ativando e amplificando suas propriedades espirituais.

Luz das Estrelas: devido à sua origem extraterrestre, a Moldavita também pode ser energizada sob o céu noturno, absorvendo a luz das estrelas. Esta técnica é particularmente poderosa, pois a energia das estrelas ressoa naturalmente com a vibração cósmica da Moldavita.

Contato com a Terra: para energizar a Moldavita de forma equilibrada, você pode enterrá-la em um local seguro por algumas horas. Isso ajuda a estabilizar sua energia e a conectá-la à Terra, equilibrando sua vibração intensa.

Energização Intuitiva: outra forma de energizar a Moldavita é segurar o cristal em suas mãos, fechar os olhos e respirar profundamente. Visualize uma luz verde ou dourada fluindo do cosmos para dentro do cristal, ativando e amplificando suas energias. Ao fazer isso, você pode também recitar um decreto de ativação para alinhar a energia da Moldavita com seus objetivos espirituais.

DECRETO DE ATIVAÇÃO – MOLDAVITA

Para ativar a Moldavita, segure o cristal em suas mãos ou visualize etericamente, feche os olhos e respire profundamente. Visualize uma luz verde ou dourada envolvendo o cristal e seu corpo, conectando-o à energia cósmica. Diga em voz alta ou mentalmente o seguinte decreto:

"Eu ativo a energia sagrada da Moldavita, permitindo que sua força transformadora e espiritual desperte meu potencial divino. Que este cristal abra as portas da minha mente, coração e espírito para as verdades Universais, promovendo crescimento, cura e evolução. Que a Moldavita me guie através das mudanças com sabedoria e proteção, conectando-me ao meu Eu Superior e às energias cósmicas. Assim é."

Este decreto pode ser recitado enquanto você segura a Moldavita em suas mãos, visualizando uma luz intensa envolvendo o cristal e se expandindo ao seu redor, promovendo transformação e elevação espiritual.

• OBSIDIANA •

A Obsidiana é conhecida como a "Pedra da Revelação" devido à sua poderosa capacidade de expor verdades ocultas, limpar bloqueios energéticos e proporcionar proteção espiritual intensa. Formada pelo resfriamento da lava vulcânica, essa pedra carrega uma energia poderosa e intensa, sendo amplamente utilizada para purificação, autoconhecimento, desintoxicação energética, serve como potente escudo contra influências energéticas externas e proteção psíquica. Sua conexão profunda com o chakra raiz promove ancoragem, segurança e estabilidade emocional, tornando-a uma aliada essencial para aqueles que buscam cura interior e fortalecimento espiritual. No entanto, seu uso exige responsabilidade, pois pode trazer à tona questões profundas para serem enfrentadas e transmutadas.

CARACTERÍSTICAS MENTAIS

A Obsidiana é extremamente eficaz na promoção da clareza mental. Ajuda a dissipar a confusão e a remover bloqueios mentais, permitindo que pensamentos mais claros e objetivos emerjam. É especialmente útil em momentos de decisão, quando é necessário discernimento e foco. Este cristal é conhecido por trazer à tona a verdade oculta e revelações profundas. Auxilia no autoconhecimento, permitindo que quem o usa confronte aspectos reprimidos de sua personalidade e busque a verdadeira essência de quem é. Isso pode ser particularmente difícil para algumas pessoas, pois nem todas estão preparadas para se confrontar com aspectos tão profundos de si.

CARACTERÍSTICAS EMOCIONAIS

A Obsidiana é uma pedra de cura profunda, capaz de trazer à superfície traumas e emoções reprimidas para serem liberados. Esse processo pode ser intenso, mas é essencial para a cura emocional verdadeira. Após o processo de liberação, a Obsidiana ajuda a estabilizar as emoções, promovendo uma sensação de segurança e ancoragem. Ela é excelente para aqueles que se sentem emocionalmente vulneráveis ou sobrecarregados, proporcionando um escudo protetor contra influências externas negativas.

CARACTERÍSTICAS ENERGÉTICAS

A Obsidiana é amplamente reconhecida por suas propriedades de proteção energética. Ela cria um escudo ao redor de quem a usa, bloqueando energias negativas e prevenindo ataques psíquicos. Este cristal é ideal para terapeutas e curadores que trabalham com energias de outras pessoas, pois impede que absorvam essas energias. Energicamente, a Obsidiana está fortemente conectada ao chakra raiz, promovendo uma profunda sensação de ancoragem e conexão com a Terra. Ela estabiliza o campo energético, trazendo equilíbrio e harmonia ao corpo e à mente.

Atenção: se a Obsidiana não for utilizada com intenções claras, pode trazer uma energia à tona muito densa por conta dos Registros Akáshicos ancestrais desse cristal. A Obsidiana no passado foi utilizada magisticamente para corte de coração e de útero, para serem ofertados aos deuses. Portanto, ela traz gravada essa memória por conta da má utilização feita pela humanidade. É necessário utilizar com sabedoria, pois questões muito profundas podem emergir para serem curadas. Questões essas que estão em ressonância com o coletivo da humanidade e da Obsidiana. Nem todos estão preparados.

VARIAÇÕES DE COR

Obsidiana Negra: a forma mais comum de Obsidiana, conhecida por sua capacidade de fornecer proteção intensa e absorver energias negativas. Ela é a escolha ideal para aqueles que buscam ancoragem e um escudo contra influências externas. Precisa programar com essa intenção bem clara.

Obsidiana Floco de Neve: esta variação apresenta manchas brancas ou cinzas na superfície preta, semelhantes a flocos de neve. Ela promove o equilíbrio entre a luz e a sombra, ajudando a pessoa a enfrentar desafios emocionais com calma e equilíbrio. A Obsidiana Floco de Neve também é útil para aqueles que procuram integrar diferentes aspectos de si mesmos e é excelente para quebrar magias e demandas, assim como envio de negatividades provenientes de terceiros.

Obsidiana Dourada: com reflexos dourados, esta variação é particularmente poderosa para trabalhar com a verdade interior e o autoconhecimento. Ela revela aspectos ocultos da personalidade, trazendo à luz aquilo que precisa ser trabalhado para o crescimento pessoal.

Obsidiana Arco-íris: com uma mistura de cores que pode incluir tons de verde, roxo, e azul, a Obsidiana Arco-íris é uma pedra de transformação espiritual. Ela auxilia na limpeza da aura e na conexão com energias superiores, promovendo uma visão espiritual mais clara.

LIMPEZA DA OBSIDIANA

Água Corrente: segure a Obsidiana sob água corrente por alguns minutos, visualizando todas as energias negativas sendo lavadas. Este método pode ser utilizado sempre que sentir que a energia do cristal está pesada ou após sessões de cura intensas.

Defumação: passe a Obsidiana pela fumaça de incenso, sálvia ou Palo Santo. Enquanto faz isso, visualize a fumaça limpando todas as impurezas energéticas do cristal. Ideal para uma limpeza energética mais suave, a defumação pode ser realizada semanalmente ou sempre que necessário.

Sal Grosso: como a Obsidiana é um cristal robusto, ela pode ser limpa com sal grosso. Coloque a Obsidiana em um recipiente de vidro com sal grosso e deixe-a descansar por algumas horas. Evite o uso prolongado de sal, pois isso pode desgastar a superfície do cristal. Use o sal grosso para uma limpeza mais profunda, preferencialmente uma vez por mês.

ENERGIZAÇÃO DA OBSIDIANA

Luz Solar: coloque a Obsidiana sob a luz do Sol por 30 minutos a 1 hora. A luz do Sol é especialmente poderosa para recarregar a Obsidiana, restaurando suas propriedades protetoras. Evite deixar o cristal exposto ao Sol por longos períodos, pois o calor excessivo pode causar rachaduras.

Luz Lunar: para uma energização mais suave e alinhada com as energias femininas e intuitivas, deixe a Obsidiana sob a luz da Lua durante toda a noite. A Lua Cheia é especialmente eficaz para este propósito. Energize sob a luz da Lua sempre que sentir necessidade de intensificar as propriedades protetoras e espirituais do cristal.

Enterrar: a Obsidiana pode ser enterrada por 24 horas para uma energização profunda. Este método ajuda o cristal a reconectar-se com a energia da Terra, amplificando sua capacidade de ancoragem e proteção.

DECRETO DE ATIVAÇÃO – OBSIDIANA

Para ativar a Obsidiana, segure o cristal em suas mãos ou visualize etericamente, feche os olhos e respire profundamente. Visualize uma luz negra ou dourada envolvendo o cristal e seu corpo, protegendo-o de qualquer energia negativa. Diga em voz alta ou mentalmente o seguinte decreto:

**"Eu ativo as energias protetoras da Obsidiana,
criando um escudo de proteção ao meu redor.
Que este cristal corte todas as energias negativas,
proporcionando-me clareza, estabilidade e segurança.
Que a verdade se revele em todos os aspectos da minha vida,
que eu tenha sabedoria para curar esses aspectos e que
eu seja guiado(a) pela sabedoria da Terra.
Assim é."**

Este decreto pode ser recitado enquanto você segura a Obsidiana em suas mãos, visualizando uma luz escura poderosa envolvendo o cristal e se expandindo ao seu redor, criando uma barreira impenetrável contra qualquer negatividade.

Atenção: a Obsidiana é um cristal intenso, capaz de provocar transformações profundas e rápidas. Seu uso deve ser feito com responsabilidade, especialmente por aqueles que não estão acostumados a lidar com energias densas. É um excelente cristal para proteção, cura emocional e autoconhecimento.

• OLHO DE TIGRE •

O Olho de Tigre é conhecido como a "Pedra da Coragem" devido à sua forte capacidade de estimular a autoconfiança, a força de vontade e a proteção energética. Sua energia ativa ajuda a manter o foco e a determinação, tornando-se uma excelente aliada para quem busca clareza mental e superação de desafios. Além de equilibrar emoções e dissipar inseguranças, esse cristal cria um escudo contra energias negativas, promovendo segurança e estabilidade. Fortemente conectado ao chakra raiz e ao plexo solar, o Olho de Tigre auxilia na manifestação de objetivos e na atração de prosperidade e sucesso.

CARACTERÍSTICAS MENTAIS

O Olho de Tigre é um excelente cristal para aumentar o foco e a clareza mental. Ele ajuda a dissipar confusões e a promover a tomada de decisões com confiança. Ideal para momentos em que é necessário discernimento e uma visão clara dos objetivos. Este cristal é conhecido por fortalecer a determinação e a força de vontade, ajudando a superar procrastinações e bloqueios mentais. Ele estimula uma mentalidade proativa, essencial para alcançar metas.

CARACTERÍSTICAS EMOCIONAIS

O Olho de Tigre é famoso por suas propriedades de aumentar a coragem e a autoconfiança. Ele é especialmente útil para pessoas que enfrentam desafios emocionais, ajudando a dissipar medos e inseguranças. Este cristal também promove o equilíbrio emocional, ajudando a estabilizar emoções intensas e a evitar oscilações emocionais. É um aliado poderoso para quem deseja manter a calma e a serenidade em situações difíceis.

CARACTERÍSTICAS ENERGÉTICAS

O Olho de Tigre é amplamente reconhecido como um cristal de proteção, formando uma barreira energética ao redor do portador. Ele protege contra negatividade, influências externas e ataques psíquicos. O Olho de Tigre está fortemente conectado ao chakra raiz e ao plexo solar, promovendo a ancoragem e o equilíbrio energético. Ajuda a manter o portador enraizado, oferecendo estabilidade e segurança. Este cristal é também conhecido por sua capacidade de atrair prosperidade e abundância. Ele é muitas vezes utilizado em rituais e práticas para manifestar sucesso material e financeiro.

VARIAÇÕES DE COR

Olho de Tigre Amarelo: promove a clareza mental, a autoconfiança e o foco. Está ligado ao plexo solar, fortalecendo a autoconfiança e a manifestação de desejos. Ideal para meditações que buscam aumentar o foco e a determinação.

Olho de Tigre Vermelho: estimula a vitalidade, a paixão e a coragem. Está conectado ao chakra raiz, fortalecendo a força vital e a energia física. Excelente para momentos em que é necessário um impulso de energia e ação.

Olho de Tigre Azul (Olho de Falcão): promove a calma, a intuição e a percepção elevada. Conecta-se ao chakra laríngeo e ao terceiro olho, facilitando a comunicação e a visão espiritual. Utilizado em meditações que visam a ampliação da intuição e da clareza espiritual.

LIMPEZA DO OLHO DE TIGRE

Água Corrente: segure o cristal de Olho de Tigre sob água corrente por alguns minutos, visualizando qualquer energia negativa sendo levada embora pela água. Ideal para limpezas regulares, como após sessões de meditação ou uso prolongado. Evite usar água muito quente ou fria para não danificar o cristal.

Defumação: passe o Olho de Tigre através da fumaça de ervas purificadoras, como sálvia, incenso ou cedro, permitindo que a fumaça envolva completamente o cristal. Esta técnica é especialmente útil antes de rituais ou quando o cristal foi exposto a energias intensas. Este método é suave e pode ser usado com frequência sem danificar o cristal.

Sal Grosso: em um recipiente de vidro, dissolva uma pequena quantidade de sal grosso em água. Use apenas o suficiente para criar uma solução salina leve. Mergulhe o Olho de Tigre na solução por um curto período, no máximo 10 a 15 minutos. Após a limpeza, enxágue bem o cristal sob água corrente para remover qualquer resíduo de sal e seque-o imediatamente com um pano macio. Use este método ocasionalmente, preferindo métodos menos abrasivos para limpezas regulares.

ENERGIZAÇÃO DO OLHO DE TIGRE

Luz Solar: coloque o Olho de Tigre sob a luz direta do Sol por 1 a 2 horas, de preferência nas primeiras horas da manhã. Pode ser feito regularmente para manter o cristal energizado e vibrante.

Luz Lunar: coloque o Olho de Tigre sob a luz da Lua, preferencialmente na Lua Cheia, para uma energização suave e profunda. Ideal para uma energização mais calma e introspectiva, especialmente em ciclos lunares específicos. A luz lunar é uma energia suave que complementa bem as propriedades do Olho de Tigre.

Cristais de Quartzo: coloque o Olho de Tigre sobre uma drusa ou em um círculo de cristais de Quartzo transparente para amplificar suas energias. Esta técnica pode ser usada sempre que sentir que o cristal precisa de um impulso extra de energia. O Quartzo potencializa a energização do Olho de Tigre, tornando este método particularmente eficaz.

DECRETO DE ATIVAÇÃO – OLHO DE TIGRE

Para ativar o Olho de Tigre, segure o cristal em suas mãos ou visualize etericamente, feche os olhos e respire profundamente. Visualize uma luz dourada envolvendo o cristal e seu corpo, infundindo-o com coragem e proteção. Diga em voz alta ou mentalmente o seguinte decreto:

"Eu ativo as energias protetoras
e fortalecedoras do Olho de Tigre.
Que este cristal infunda meu ser
com coragem, clareza e determinação.
Que sua proteção me envolva, afastando toda
negatividade e promovendo um equilíbrio energético
em todos os aspectos da minha vida. Assim é."

Este decreto pode ser recitado enquanto você segura o Olho de Tigre, visualizando uma luz dourada brilhante envolvendo o cristal e se expandindo ao seu redor, trazendo proteção e força interior.

• ÔNIX •

O Ônix é conhecido como a "Pedra do Poder Pessoal" devido à sua forte influência na proteção energética, na estabilidade emocional e na construção da força interior. Esse cristal atua como um escudo contra energias negativas, ajudando a manter a clareza mental e a resiliência emocional diante dos desafios. Sua conexão com o chakra raiz promove um profundo aterramento, oferecendo segurança e equilíbrio para aqueles que precisam fortalecer sua determinação e autoconfiança. Além de sua poderosa atuação protetora, o Ônix auxilia na superação de medos, na tomada de decisões racionais e no desenvolvimento da auto disciplina.

CARACTERÍSTICAS MENTAIS

O Ônix é um excelente aliado para quem busca clareza mental e força de vontade. Ele ajuda a dissipar pensamentos negativos e padrões mentais autodestrutivos, promovendo uma mente focada e objetiva. O Ônix estimula o pensamento lógico e racional, sendo útil em situações que exigem discernimento e tomada de decisões firmes. Também é conhecido por melhorar a autoconfiança, dando suporte mental para enfrentar desafios com coragem e determinação.

CARACTERÍSTICAS EMOCIONAIS

O Ônix atua como um estabilizador, proporcionando uma sensação de segurança e tranquilidade. Ajuda a superar sentimentos de medo, ansiedade e tristeza, promovendo um estado emocional mais equilibrado. O cristal é eficaz na proteção contra influências emocionais externas, ajudando a manter a calma e a resiliência em momentos de crise. O Ônix é particularmente útil para aqueles que enfrentam luto, pois proporciona força emocional e apoio durante períodos de dor.

CARACTERÍSTICAS ENERGÉTICAS

No campo energético, o Ônix é uma pedra de proteção poderosa. Está fortemente conectado ao chakra raiz, o que o torna um cristal de ancoragem eficaz. O Ônix cria um escudo energético ao redor do corpo, protegendo contra energias negativas, ataques psíquicos e influências externas indesejadas. Também ajuda a transmutar energia negativa em positiva, promovendo um ambiente energético saudável e equilibrado. Além disso, o Ônix auxilia na liberação de bloqueios energéticos, permitindo que a energia flua livremente pelo corpo.

VARIAÇÕES DE COR

Ônix Preto: a forma mais conhecida e utilizada, o Ônix preto é altamente eficaz para proteção, ancoragem e estabilidade.

Ônix Verde: esta variação está conectada ao chakra cardíaco, promovendo cura emocional e equilíbrio energético. É menos comum, mas igualmente poderoso em suas propriedades.

Ônix Branco: promove a purificação e a conexão espiritual, ajudando a alinhar os chakras superiores e facilitando o desenvolvimento espiritual.

LIMPEZA DO ÔNIX

Nota: se o Ônix não for bem limpo (descarregado) ele irradia toda a energia negativa para a pessoa ou ambiente.

Água Corrente: segure o Ônix sob água corrente. Enquanto segura o cristal, visualize a água levando embora toda a energia negativa acumulada. Fazer sempre que sentir que o cristal está carregado ou após sessões intensas de uso.

Defumação: acenda ervas purificadoras como sálvia branca, Palo Santo ou incenso de cedro. Passe o Ônix pela fumaça das ervas, certificando-se de que todo o cristal seja envolvido pela fumaça. Visualize a fumaça limpando e renovando a energia do Ônix.

Sal Grosso: em um recipiente de vidro, misture uma pequena quantidade de sal grosso com água, criando uma solução salina leve. Coloque o Ônix na solução salina e deixe-o imerso por até 30 minutos. Retire o cristal da solução e enxágue-o bem sob água corrente para remover qualquer resíduo de sal. Esse procedimento pode ser feito esporadicamente para uma limpeza mais profunda, preferencialmente uma vez por mês ou quando sentir que o cristal precisa de uma purificação intensa. Caso seja muito utilizado, precisa limpar com mais frequência. Evite deixar o cristal submerso por longos períodos e sempre enxágue bem, pois o sal grosso, por longa exposição, pode danificar o cristal.

Terra: enterre o Ônix em solo limpo e natural (como terra de jardim) por 24 horas. Durante esse tempo, visualize a Terra absorvendo e neutralizando as energias negativas do cristal. Marque o local onde o cristal foi enterrado para facilitar sua recuperação.

ENERGIZAÇÃO DO ÔNIX

Luz Solar: coloque o Ônix sob a luz direta do Sol. Deixe-o exposto por 1 a 2 horas, preferencialmente durante as primeiras horas da manhã. Enquanto expõe o cristal ao Sol, visualize a luz solar infundindo-o com energia vibrante e protetora. Evite exposição prolongada ao Sol intenso para prevenir possíveis descolorações ou danos ao cristal.

Luz Lunar: coloque o Ônix em um local onde possa receber a luz da Lua durante toda a noite, preferencialmente durante a Lua Cheia. Visualize a luz lunar imbuindo o cristal com uma energia suave e harmoniosa. A luz lunar proporciona uma energização calma e alinhada com as energias femininas e intuitivas.

Cristais de Quartzo: coloque o Ônix sobre uma drusa de Quartzo transparente ou em um círculo de cristais de Quartzo. O Quartzo cristal é amplamente utilizado para amplificar e recarregar as energias de outros cristais. Deixe o ônix descansar junto ao Quartzo por algumas horas. Se possível, deixe-o durante a noite para uma energização mais profunda. O Quartzo vai transferir sua energia amplificadora para o Ônix, recarregando e potencializando suas propriedades. Durante esse processo, é útil visualizar a luz branca do Quartzo envolvendo e penetrando o Ônix, purificando-o e reabastecendo suas energias com força renovada.

DECRETO DE ATIVAÇÃO – ÔNIX

Para ativar o Ônix, segure o cristal em suas mãos ou visualize etericamente, feche os olhos e respire profundamente. Visualize uma luz negra ou vermelha envolvendo o cristal e seu corpo, criando um escudo protetor ao seu redor. Diga em voz alta ou mentalmente o seguinte decreto:

"Eu ativo as energias sagradas do Ônix, permitindo que a proteção, a força e a estabilidade fluam através de mim. Que este cristal me ancore profundamente à Terra, transmutando qualquer negatividade em luz e fortalecendo meu espírito para enfrentar todos os desafios com coragem. Que o poder do Ônix proteja meu corpo, mente e espírito de todas as influências negativas. Assim é."

Este decreto pode ser recitado enquanto você segura o Ônix em suas mãos, visualizando uma luz negra ou vermelha envolvente, expandindo-se ao seu redor e criando um escudo protetor.

• OPALA •

A Opala é conhecida como a "Pedra da Amplificação" devido à sua capacidade única de amplificar energias (positivas ou negativas), estimular a criatividade e expandir a consciência espiritual. Esse cristal reflete e potencializa a energia ao seu redor, tornando-se uma ferramenta poderosa para aqueles que buscam clareza mental, expressão criativa e desenvolvimento intuitivo. Sua vibração favorece conexão com o Eu Superior, auxiliando no autoconhecimento e na liberação de padrões internos. Além disso, ela fortalece os laços afetivos e promove uma visão mais elevada da vida, tornando-se um cristal essencial para aqueles que desejam trabalhar profundamente a intuição e a expressão emocional.

Características Mentais

A Opala é uma pedra que favorece a clareza mental e o pensamento criativo. Ela auxilia na organização dos pensamentos e na superação de confusões mentais, sendo uma excelente escolha para aqueles que precisam de inspiração ou que estão enfrentando desafios intelectuais.

Esta pedra é conhecida por estimular a criatividade e a originalidade, ajudando a desenvolver novas ideias e projetos. Pode ser particularmente útil para artistas, escritores e qualquer pessoa envolvida em atividades criativas. A Opala ajuda a revelar a verdadeira natureza dos pensamentos e sentimentos, trazendo à superfície questões ocultas e facilitando a introspecção e a autoanálise.

Características Emocionais

Opala é conhecida por amplificar as emoções, tanto positivas quanto negativas. Ela age como um espelho emocional, refletindo e amplificando os sentimentos que já estão presentes. Isso pode ser útil para aqueles que desejam trabalhar profundamente em suas emoções e compreender melhor seus estados emocionais. Este cristal facilita a liberação de emoções reprimidas e traumas antigos, promovendo a cura emocional e o alívio do estresse. A Opala ajuda a processar experiências emocionais intensas e a integrar essas experiências de maneira saudável. A Opala é associada à felicidade, à alegria e ao amor. Ela desperta sentimentos de bondade e ternura, ajudando a fortalecer os laços afetivos e a promover relacionamentos harmoniosos.

Características Energéticas

A Opala é uma pedra que amplifica as energias ao seu redor, tanto positivas quanto negativas. Por isso, é essencial utilizar a Opala em ambientes positivos e com intenções positivas. Ela ajuda a intensificar a energia espiritual, facilitando a comunicação com os planos superiores e a conexão com guias espirituais. Embora amplifique energias, a Opala também possui propriedades protetoras. Cria um campo energético ao redor do portador que repele energias negativas, especialmente em trabalhos espirituais. Porém, antes, é importante limpar as energias para amplificar o positivo. A Opala é uma pedra poderosa para quem trabalha com intuição e visões, ela ativa a clarividência e auxilia a expandir a consciência, permitindo acesso a conhecimentos profundos e visões espirituais. Em meditações, a Opala pode levar a estados de consciência alterados e facilitar o acesso a memórias de vidas passadas e conexão com o Eu Superior. A Opala está conectada a vários chakras, dependendo de sua cor e variação.

VARIAÇÕES DE COR

Opala de Fogo: associada ao chakra umbilical / sacral, a Opala de Fogo é conhecida por sua capacidade de estimular a vitalidade e a energia criativa. Ela é utilizada para promover a paixão, a ação e a motivação, sendo excelente para aqueles que precisam de um impulso energético.

Opala Branca: esta variação está associada à pureza e à limpeza espiritual. Conectada ao chakra coronário, a Opala Branca facilita a comunicação com os reinos superiores e promove a cura espiritual. Também ajuda a acalmar a mente e as emoções. Está associada ao chakra coronário

Opala Negra: a Opala Negra é conhecida por suas poderosas propriedades protetoras. Absorve energias negativas e cria um escudo energético ao redor do corpo. É uma pedra excelente para proteção espiritual e para trabalhos de sombra, ajudando a trazer à tona e curar padrões emocionais profundos. Está associada ao chakra raiz/ básico. Utilize com sabedoria, pois ela pode fazer emergir questões muito profundas, que nem todos estão preparados para lidar.

Opala Opalescente (Furta-Cor): ela se encaixa na categoria das Opalas Preciosas. Essa classificação se dá porque ela exibe o fenômeno da opalescência, que é uma exibição de cores iridescentes que mudam conforme o ângulo de visão ou a luz. Essas cores são geralmente vistas como flashes de luz em várias tonalidades, como azul, verde, vermelho, laranja e amarelo. A Opala Furta-Cor é conhecida por amplificar as energias, tanto as do ambiente quanto as de quem a utiliza. Isso significa que pode intensificar as emoções, pensamentos e até mesmo outros cristais que estejam próximos a ela. Por essa razão, é importante usá-la com intenções claras e positivas. A Opala Furta-Cor é um cristal que ajuda a fortalecer a conexão espiritual, elevando a intuição e facilitando o acesso a informações de planos superiores. Pode ajudar na meditação e na comunicação com guias espirituais e seres de luz.

LIMPEZA DA OPALA

Nota: se a Opala não for bem limpa (descarregada) ela pode intensificar e irradiar toda a negatividade para a pessoa ou ambiente.

Água Corrente: limpe sua Opala em água corrente por alguns minutos. Evite deixar o cristal de molho por muito tempo, pois a Opala pode absorver água e, eventualmente, rachar. Seque com um pano macio.

Defumação: defume sua Opala com sálvia ou incenso para purificar suas energias. Esta técnica é segura e eficaz para manter a Opala energeticamente limpa.

Sal Grosso: coloque a Opala sobre uma cama de sal grosso por algumas horas. Evite o contato com a água salgada, pois pode danificar a superfície do cristal.

ENERGIZAÇÃO DA OPALA

Luz Solar: energize a Opala sob a luz suave do Sol da manhã por até uma hora. Evite a exposição prolongada à luz solar direta, pois pode afetar a cor e a iridescência do cristal.

Luz Lunar: energize a Opala sob a luz da Lua Cheia. Esta é uma forma suave e poderosa de recarregar suas energias espirituais.

Cristais de Quartzo: coloque a Opala sobre uma drusa de Quartzo transparente para amplificar e renovar suas energias. Deixe o cristal descansar na drusa por algumas horas ou durante a noite.

DECRETO DE ATIVAÇÃO – OPALA FURTA-COR

Para ativar o poder da Opala Furta-Cor, segure o cristal em suas mãos ou visualize etericamente, feche os olhos e respire profundamente. Visualize uma luz iridescente envolvendo o cristal e seu corpo, conectando-se à energia de transformação e inspiração. Recite o seguinte decreto:

"Eu ativo a energia mágica e transformadora da Opala Furta-Cor, permitindo que sua luz iridescente desperte minha criatividade, intuição e sabedoria interior. Que este cristal amplifique minha conexão espiritual com meu Eu Superior e manifeste minha expressão verdadeira de pura Luz. Eu sou um canal de luz, criatividade e transformação. Assim é."

Este decreto pode ser recitado sempre que você quiser intensificar a energia da Opala Furta-Cor em sua vida, especialmente antes de meditações, práticas criativas ou em momentos de transformação pessoal.

• PEDRA DA LUA •

A Pedra da Lua é conhecida como a "Pedra da Intuição" e também "Pedra do Sagrado Feminino " devido à sua forte conexão com a sensibilidade, os ciclos naturais e a expansão espiritual. Esse cristal atua harmonizando as emoções, fortalecendo a intuição e promovendo um profundo equilíbrio energético. Sua vibração suave auxilia na conexão com a sabedoria interior, tornando-se um excelente aliado para momentos de transformação e autoconhecimento. Além disso, a Pedra da Lua é associada à fertilidade, ao equilíbrio hormonal e à proteção energética, sendo um ótimo amuleto para viajantes e buscadores espirituais.

Características Mentais

A Pedra da Lua é um cristal que acalma a mente e favorece a clareza mental em situações complexas. Ela ajuda a alinhar a mente consciente com a intuição, permitindo uma melhor tomada de decisões, especialmente em momentos de incerteza. Este cristal também é útil para quem busca desenvolver habilidades psíquicas e aumentar a sensibilidade intuitiva.

Características Emocionais

Emocionalmente, a Pedra da Lua é altamente valorizada por sua capacidade de regular as emoções, especialmente durante períodos de transição, como mudanças de vida, ciclos menstruais, ou mesmo no processo de envelhecimento. Ela traz à tona emoções reprimidas, permitindo que sejam processadas e curadas. A Pedra da Lua também é associada ao fortalecimento da fertilidade e ao equilíbrio hormonal.

Características Energéticas

Energicamente, a Pedra da Lua ressoa fortemente com o chakra coronário e o terceiro olho, facilitando a conexão com planos espirituais superiores. Ela equilibra as energias femininas e masculinas, promovendo harmonia e compreensão em relacionamentos. Além disso, a Pedra da Lua é conhecida por proteger viajantes, sendo considerada um talismã de proteção.

Nota: existe uma versão não original da Pedra da Lua, muitas vezes feita de vidro opalescente ou sintético. A verdadeira Pedra da Lua tem um brilho característico chamado adularescência, que é um reflexo de luz que parece se mover sobre a superfície da pedra, variando conforme o ângulo. A falsa Pedra da Lua geralmente não possui essa qualidade, apresentando um brilho uniforme e menos vibrante. Outra forma de identificar a diferença é observar a temperatura: a verdadeira Pedra da Lua tende a ser mais fria ao toque do que a versão não original.

VARIAÇÕES DE COR

Pedra da Lua Branca: estimula a clareza espiritual e a conexão com o divino.

Pedra da Lua Arco-íris: promove o equilíbrio emocional, ajudando a conectar as emoções à intuição.

Pedra da Lua Pêssego: conhecida por fortalecer o coração e a capacidade de amar.

LIMPEZA DA PEDRA DA LUA

Água Corrente: segure a Pedra da Lua sob água corrente por alguns minutos. Deixe que a água flua suavemente sobre a pedra, levando embora qualquer energia acumulada. Faça isso sempre que sentir que a pedra precisa ser purificada, especialmente após períodos de uso intenso.

Defumação: use sálvia, incenso, ou Palo Santo para defumar a Pedra da Lua. Passe o cristal pela fumaça, permitindo que a purificação energética ocorra. Concentre-se na intenção de limpar todas as energias negativas ou estagnadas. Ideal para uso regular, como manutenção energética suave.

Evitar Sal Grosso: a Pedra da Lua é sensível e pode ser danificada pelo sal grosso, que pode causar abrasão ou desgaste. Se quiser usar sal, opte por deixá-la em uma tigela com água e um pouco de sal marinho diluído durante alguns minutos, mas sem o sal em contato com a pedra.

ENERGIZAÇÃO DA PEDRA DA LUA

Luz da Lua: coloque a Pedra da Lua em um local onde ela possa ser banhada pela luz da Lua, preferencialmente durante a Lua Cheia. A luz da Lua é suave e fortalece a conexão espiritual do cristal, além de amplificar suas propriedades intuitivas e femininas. Deixe a pedra sob a luz da Lua por uma noite inteira. Evite deixá-la sob a luz solar direta, pois o Sol pode causar descoloração ou enfraquecer suas energias.

Cristais de Quartzo: coloque a Pedra da Lua sobre uma drusa de Quartzo transparente ou rodeada por outros cristais de Quartzo. O Quartzo tem a capacidade de amplificar as energias dos outros cristais, potencializando a Pedra da Lua. Deixe a pedra em contato com o Quartzo por algumas horas ou durante a noite.

Contato com a Natureza: coloque a Pedra da Lua em um jardim, sobre a terra, ou em um local onde ela possa absorver as energias naturais da Terra. Este método é especialmente eficaz para restaurar o equilíbrio e a harmonia da pedra. Deixe a pedra em contato com a Natureza por algumas horas ou durante a noite.

Energização com Visualização: segure a Pedra da Lua em suas mãos, feche os olhos e visualize uma luz branca suave envolvendo a pedra e preenchendo-a com energia pura e limpa. Imagine a luz da Lua ou a energia da Terra fluindo através do cristal, recarregando-o completamente. Faça essa visualização por alguns minutos, ou até sentir que a pedra está energizada.

DECRETO DE ATIVAÇÃO – PEDRA DA LUA

Para ativar a Pedra da Lua, segure o cristal em suas mãos ou visualize etericamente, feche os olhos e respire profundamente. Visualize uma luz branca ou prateada envolvendo o cristal e seu corpo, conectando você com as energias da Lua e trazendo equilíbrio e intuição ao seu ser. Diga em voz alta ou mentalmente o seguinte decreto:

"Eu ativo as energias sagradas da Pedra da Lua, permitindo que a intuição, o equilíbrio emocional e a conexão espiritual fluam através de mim. Que este cristal me alinhe com as forças da Lua, revelando a sabedoria interior e harmonizando minhas emoções. Que o poder da Pedra da Lua amplifique minha intuição, proteja minha energia e desperte minha essência espiritual mais elevada. Assim é."

Este decreto pode ser recitado enquanto você segura a Pedra da Lua em suas mãos, visualizando uma luz branca ou prateada envolvente, que se expande ao seu redor, trazendo clareza, proteção e conexão espiritual.

• PIRITA •

A Pirita é conhecida como a "Pedra da Riqueza e do Sucesso" ou "Pedra da Prosperidade" devido à sua cor dourada como ouro. Esse cristal estimula a clareza mental, ajudando na organização de pensamentos e na tomada de decisões estratégicas. Além de fortalecer a autoconfiança e a motivação, a pirita atua como um escudo energético, bloqueando influências negativas e promovendo um campo vibracional de abundância. Sua energia ativa o plexo solar, impulsionando a força de vontade e a realização de objetivos, sendo uma poderosa aliada para quem busca crescimento pessoal e financeiro.

CARACTERÍSTICAS MENTAIS

A Pirita é altamente reconhecida por sua capacidade de promover clareza mental e foco. Ela ajuda a organizar pensamentos dispersos, proporcionando uma mente mais lúcida e produtiva. Este cristal é ideal para quem precisa de concentração em estudos, projetos complexos ou decisões importantes. Também é conhecida por estimular a atividade intelectual e a criatividade. Ela incentiva o pensamento lógico e a resolução de problemas, tornando-se uma excelente aliada para quem busca aumentar a produtividade e a inovação.

CARACTERÍSTICAS EMOCIONAIS

A Pirita é um poderoso amplificador de autoconfiança. Ajuda a superar inseguranças e medos, promovendo uma atitude positiva e corajosa diante dos desafios. Este cristal é excelente para fortalecer a autoestima e incentivar a autossuficiência. A Pirita também atua como um escudo protetor contra energias emocionais negativas. Ajuda a dissipar pensamentos autodestrutivos e emoções tóxicas, promovendo um estado de equilíbrio emocional e segurança.

CARACTERÍSTICAS ENERGÉTICAS

Energeticamente, a Pirita é conhecida como a "pedra da prosperidade." Ela é amplamente usada para atrair abundância, sucesso e riqueza. A Pirita ajuda a alinhar sua energia com as vibrações de prosperidade, criando um campo energético que facilita a manifestação de objetivos materiais. Além de sua conexão com a prosperidade, a Pirita também é um poderoso escudo energético. Bloqueia energias negativas e protege de influências externas prejudiciais, fortalecendo o campo áurico e promovendo uma sensação de segurança energética.

VARIAÇÕES DE COR

Pirita Dourada: a versão mais comum e reconhecida da Pirita, com sua cor dourada brilhante, está fortemente associada à manifestação de riqueza e sucesso. Ela também amplifica a autoconfiança e o poder pessoal. Conhecida como "ouro dos tolos".

Pirita Cinza-prateado: está ligada à mente lógica e analítica. Pode ajudar a trazer clareza mental, discernimento e foco, sendo útil em situações que exigem concentração e tomada de decisões racionais. Contribui para o equilíbrio entre o corpo e a mente, harmonizando energias e promovendo a estabilidade emocional.

Pirita Iridescente (Multicolorida): é associada à elevação espiritual e à conexão com dimensões mais elevadas. Suas cores multicoloridas simbolizam o arco-íris e estão associadas à cura de múltiplos níveis de consciência. Devido à sua cor vibrante e efeito iridescente, essa variação é muito utilizada para desbloquear a criatividade e fortalecer a intuição.

LIMPEZA DA PIRITA

A Pirita é um cristal que contém ferro em sua composição, o que a torna suscetível à oxidação e ao desgaste se exposta à umidade ou a elementos corrosivos como o sal. Por isso, é altamente desaconselhável limpar a Pirita com sal grosso, especialmente em combinação com água. A seguir veja algumas maneiras seguras de limpar a Pirita sem danificar.

Pano Seco: a Pirita é um cristal sensível à umidade, por isso, a limpeza mais recomendada é feita com um pano seco e macio. Esfregue suavemente a superfície da Pirita para remover poeira e qualquer resíduo energético acumulado.

Defumação: use incenso, sálvia ou Palo Santo para passar a fumaça ao redor da Pirita, limpando-a energeticamente. Concentre-se em liberar qualquer energia estagnada ou negativa.

Enxaguar: pode lavar em água corrente e secar imediatamente, pois a umidade pode causar oxidação e danificar o cristal. Não deixe de molho.

Selenita: colocar a Pirita sobre uma selenita é uma maneira segura de limpá-la sem riscos de danos físicos.

Nota Importante: o contato com o sal grosso e, principalmente, com a água salgada, pode causar a oxidação da Pirita, resultando em manchas, enferrujamento e deterioração do cristal. A exposição prolongada ao sal grosso pode enfraquecer a estrutura do cristal, tornando-o mais propenso a fissuras e quebras.

ENERGIZAÇÃO DA PIRITA

Luz Solar: para energizar a Pirita, coloque-a sob a luz direta do Sol por até uma hora, preferencialmente durante a manhã, quando o Sol não está tão forte. A luz solar amplifica as energias de prosperidade e sucesso que a Pirita carrega.

Luz da Lua: se preferir uma energização mais suave, coloque a Pirita sob a luz da Lua cheia. A luz lunar é especialmente útil para equilibrar as energias da Pirita, trazendo clareza mental e emocional.

Cristais de Quartzo: coloque a Pirita junto a uma drusa de cristais de Quartzo transparente. Deixe-os juntos por algumas horas ou durante a noite. O Quartzo ajuda a amplificar e purificar as energias da Pirita, mantendo seu poder de manifestação em alta.

DECRETO DE ATIVAÇÃO – PIRITA

Para ativar a Pirita e alinhar-se com as energias de prosperidade, segure o cristal em suas mãos ou visualize etericamente, feche os olhos e respire profundamente. Visualize uma luz dourada brilhante envolvendo o cristal e expandindo-se para todo o seu campo energético, atraindo abundância e oportunidades. Com intenção clara, diga em voz alta ou mentalmente o seguinte decreto:

"Eu ativo a energia da Pirita, abrindo os caminhos para a prosperidade e abundância em todas as áreas da minha vida. Que este cristal ative a autoconfiança e me conecte à riqueza infinita do Universo, permitindo que a prosperidade flua para mim com facilidade. Que a luz dourada da Pirita amplifique meu Potencial, traga oportunidades, sucesso e crescimento financeiro, atraindo riqueza e bênçãos em todas as infinitas formas de manifestação. Assim é."

Este decreto é ideal para fortalecer suas intenções de prosperidade enquanto visualiza a luz dourada envolvendo seu ser, trazendo abundância e atraindo novas oportunidades financeiras.

• QUARTZO AZUL •

O Quartzo Azul é conhecido como a "Pedra da Tranquilidade" por causa de sua capacidade de acalmar a mente, equilibrar as emoções e fortalecer a comunicação. Sua energia suave auxilia na organização dos pensamentos, promovendo clareza mental e discernimento. Esse cristal é um excelente aliado para quem busca expressar suas ideias com assertividade e harmonia, facilitando a comunicação e a compreensão interpessoal. Além de trazer estabilidade emocional, o Quartzo Azul também atua na proteção energética, criando um campo vibracional que favorece a paz interior e a conexão com planos superiores.

O Quartzo Azul é um cristal conhecido por suas propriedades calmantes e equilibradoras, sendo muito utilizado em práticas de cura emocional e mental. Ele é uma variação de Quartzo que possui uma coloração azul devido à presença de inclusões minerais, como o rutilo ou a dumortierita. Este cristal é particularmente útil para comunicação, clareza mental, e equilíbrio emocional.

CARACTERÍSTICAS MENTAIS

O Quartzo Azul é conhecido por sua capacidade de promover a clareza mental e a organização dos pensamentos. Ajuda a dissipar confusões, favorecendo o pensamento lógico e a tomada de decisões assertivas. Este cristal melhora a concentração e o foco, sendo ideal para quem precisa manter a mente afiada em ambientes de alta pressão. Também ajuda a desenvolver o discernimento, facilitando a resolução de problemas complexos. Conectado ao chakra laríngeo, o Quartzo Azul facilita a comunicação clara e eficaz, ajudando a expressar pensamentos e sentimentos de maneira coerente e assertiva.

CARACTERÍSTICAS EMOCIONAIS

O Quartzo Azul tem uma energia calmante que ajuda a aliviar o estresse e a ansiedade, promovendo uma sensação de paz interior. Ele é ideal para pessoas que passam por períodos de agitação emocional ou que sofrem de distúrbios como insônia. Este cristal é eficaz em equilibrar emoções, ajudando a liberar sentimentos de raiva, medo ou tristeza. Ele promove a aceitação e a compreensão emocional, facilitando o perdão e a cura de mágoas antigas. Ao abrir e equilibrar o chakra laríngeo, o Quartzo Azul também favorece a empatia e a compaixão, ajudando a melhorar a qualidade dos relacionamentos.

CARACTERÍSTICAS ENERGÉTICAS

O Quartzo Azul tem uma energia protetora que ajuda a afastar energias negativas e criar um campo energético estável ao redor da pessoa que o utiliza. Como todas as variedades de Quartzo, o Quartzo Azul possui a capacidade de amplificar energias, intenções e orações. Pode ser usado em meditações e rituais para fortalecer a conexão espiritual e aumentar a vibração pessoal. Este cristal é particularmente eficaz para harmonizar os chakras superiores, especialmente o chakra laríngeo e o terceiro olho, promovendo uma melhor conexão entre o corpo físico e os planos espirituais.

VARIAÇÕES DE COR

Quartzo Azul-claro: tem uma energia mais suave, ideal para meditações e práticas de cura que envolvem tranquilidade e pacificação. Conecta-se profundamente com o chakra laríngeo, favorecendo a comunicação e a expressão emocional.

Quartzo Azul-escuro: este possui uma energia mais intensa e concentrada, sendo ideal para aqueles que buscam aprofundar sua conexão espiritual e a intuição, trabalhando também no fortalecimento do terceiro olho.

LIMPEZA DO QUARTZO AZUL

Água Corrente: limpe o Quartzo Azul sob água corrente para remover energias acumuladas. Evite o uso prolongado de sal grosso, pois pode danificar a superfície do cristal.

Defumação: utilize ervas como sálvia ou incenso para purificar o Quartzo Azul, passando-o pela fumaça durante alguns minutos.

Sal Grosso: embora o Quartzo seja resistente, evite deixar o cristal submerso em sal grosso por longos períodos. O ideal é colocar o cristal em um pouquinho de sal grosso e água por algumas horas e depois enxaguar em água corrente.

ENERGIZAÇÃO DO QUARTZO AZUL

Luz Solar: energize o Quartzo Azul sob a luz do Sol durante as primeiras horas da manhã ou as últimas horas da tarde, quando a luz é mais suave. Limite o tempo de exposição a cerca de 15 a 30 minutos para evitar qualquer risco de desbotamento.

Luz da Lua: coloque o Quartzo Azul sob a luz da Lua, especialmente durante a Lua Cheia, para recarregar suas energias de forma suave e eficaz. Se você preferir não expor diretamente o cristal ao Sol, pode colocá-lo em um local onde ele receba luz indireta. Isso ainda permitirá que o Quartzo Azul absorva a energia solar sem o risco de desbotar.

Cristais de Quartzo: coloque o Quartzo Azul junto a uma drusa de Quartzo Transparente para amplificar e revitalizar suas propriedades energéticas.

DECRETO DE ATIVAÇÃO – QUARTZO AZUL

Para ativar as energias do Quartzo Azul, segure o cristal em suas mãos ou visualize etericamente, feche os olhos e respire profundamente. Visualize uma luz azul suave envolvendo o cristal e seu corpo, acalmando sua mente e equilibrando suas emoções. Diga em voz alta ou mentalmente o seguinte decreto:

"Eu ativo as energias sagradas do Quartzo Azul, permitindo que a paz, a clareza e a comunicação fluam através de mim. Que este cristal acalme minha mente, harmonize minhas emoções e fortaleça minha expressão. Que a serenidade do Quartzo Azul permeie cada aspecto do meu ser, promovendo equilíbrio, empatia e conexão com a minha verdade interior. Assim é."

Este decreto pode ser recitado enquanto você segura o Quartzo Azul em suas mãos, visualizando uma luz azul suave envolvendo o cristal e se expandindo ao seu redor, trazendo paz e equilíbrio.

• QUARTZO ENXOFRE •

O Quartzo Enxofre é conhecido como a "Pedra da Transformação Energética" devido à sua forte capacidade de purificação, corte de energias nocivas e fortalecimento do campo vibracional. Esse cristal auxilia na clareza mental, na renovação emocional e no equilíbrio energético, sendo um poderoso aliado para quem busca eliminar bloqueios e fortalecer sua força interior. Sua atuação intensa no plexo solar estimula a autoconfiança, a motivação e a determinação, além de dissipar padrões negativos que limitam o crescimento pessoal. Além de ser uma pedra de proteção, o Quartzo Enxofre é amplamente utilizado em práticas espirituais como a Apometria, pois facilita o corte de vínculos energéticos indesejados e a dissolução de cargas densas.

CARACTERÍSTICAS MENTAIS

O Quartzo Enxofre é uma pedra que promove a clareza mental e o foco, ajudando a dissipar a confusão e a organizar pensamentos. Ele é particularmente eficaz para aqueles que enfrentam desafios mentais ou que precisam de uma mente afiada para tomar decisões importantes. Este cristal também é conhecido por estimular a criatividade e a inovação, sendo uma excelente ferramenta para quem trabalha em campos que exigem pensamento crítico e originalidade.

CARACTERÍSTICAS EMOCIONAIS

O Quartzo Enxofre tem uma energia purificadora que ajuda a liberar emoções reprimidas e a desintoxicar o campo emocional. Ele é útil para aqueles que precisam superar traumas emocionais ou que enfrentam sentimentos de raiva, ressentimento ou frustração. O Quartzo Enxofre promove uma sensação de renovação emocional, trazendo uma nova perspectiva e ajudando a restaurar a paz interior e a serenidade. Com sua energia purificadora e transformadora, ajuda a equilibrar e ativar o plexo solar, promovendo a autoestima, a clareza mental, e a capacidade de tomar decisões com segurança. Além disso, ele também pode auxiliar na digestão de emoções difíceis, permitindo que o portador processe e libere energias negativas que possam estar bloqueando esse chakra.

CARACTERÍSTICAS ENERGÉTICAS

O Quartzo Enxofre possui uma energia purificadora e transformadora, auxiliando na remoção de bloqueios energéticos e na limpeza de padrões negativos. Ele cria um escudo protetor ao redor do usuário, afastando influências externas indesejadas e promovendo equilíbrio vibracional. Como todas as variedades de quartzo, o Quartzo Enxofre tem a capacidade de amplificar energias e intenções, tornando-se um excelente aliado para processos de cura e renovação. Sua conexão com o chakra do plexo solar fortalece o poder pessoal, a autoconfiança e a vitalidade, enquanto sua atuação no campo áurico acelera a transmutação de energias densas. Esse cristal é especialmente eficaz para fortalecer a força interior, trazer clareza emocional e facilitar a libertação de crenças limitantes. Esse cristal tem uma força poderosíssima de corte de energias nocivas, fios magnéticos e é excelente para usar em trabalhos como Apometria. Basta utilizar duas pedras desse cristal e ir batendo uma na outra (ao redor do corpo ou no trabalho) intencionando cortar as negatividades. Dica valiosa!

VARIAÇÕES DE COR

Quartzo Enxofre Amarelo-claro: promove uma purificação suave e é ideal para o trabalho emocional delicado.

Quartzo Enxofre Amarelo-intenso: possui uma energia mais potente, adequada para a purificação profunda e a proteção energética.

LIMPEZA DO QUARTZO ENXOFRE

Água Corrente: segure o Quartzo Enxofre sob água corrente. Enquanto a água corre sobre o cristal, visualize todas as impurezas e energias negativas sendo lavadas, deixando o cristal limpo e purificado. Deixe a água correr sobre o cristal por pelo menos 1-2 minutos.

Defumação: use uma erva purificadora como sálvia, Palo Santo ou incenso de mirra. Acenda a erva ou incenso e passe o Quartzo Enxofre pela fumaça. Visualize a fumaça limpando todas as energias negativas e impurezas do cristal. Continue defumando o cristal por pelo menos 5 minutos.

Sal Grosso: coloque o Quartzo Enxofre em uma tigela de vidro. Cubra o cristal com sal grosso, certificando-se de que ele esteja totalmente envolto. Deixe o cristal repousar no sal por algumas horas ou durante toda a noite. Após a limpeza, descarte o sal em um local seguro, de preferência longe da casa. Pode utilizar também solução de água e sal grosso. Enxague bem ao final para não deixar resíduos.

ENERGIZAÇÃO DO QUARTZO ENXOFRE

Luz do Sol: coloque o Quartzo Enxofre sob a luz do Sol durante a manhã, onde a luz solar é mais suave. Deixe-o exposto ao Sol por até 30 minutos para absorver a energia vital do Sol. Evite deixar o cristal sob a luz solar direta por períodos prolongados para evitar que desbote ou perca seu brilho natural.

Luz da Lua: coloque o Quartzo Enxofre em um local onde ele possa receber a luz da Lua, preferencialmente durante a Lua Cheia. Deixe o cristal sob a luz da Lua durante toda a noite. A luz lunar carrega o cristal com energias femininas suaves, proporcionando equilíbrio e harmonização.

Drusa de Quartzo: coloque o Quartzo Enxofre junto a uma drusa de Quartzo Transparente ou sobre uma base de cristais de Quartzo. Deixe o Quartzo Enxofre em contato com o Quartzo Transparente por algumas horas ou durante a noite. A energia amplificadora do Quartzo Transparente ajuda a recarregar e ampliar as propriedades do Quartzo Enxofre.

DECRETO DE ATIVAÇÃO – QUARTZO ENXOFRE

Para ativar o poder do Quartzo Enxofre, segure o cristal em suas mãos ou visualize etericamente, feche os olhos e respire profundamente. Visualize uma luz amarela intensa envolvendo o cristal e se expandindo ao redor de seu corpo, limpando e purificando sua aura. Recite o seguinte decreto:

**"Eu ativo o poder purificador e protetor do Quartzo Enxofre.
Que sua luz dourada dissolva todas as negatividades
e corte todos os laços que não servem ao meu bem maior.
Que este cristal me proteja de influências externas
negativas e corte esses vínculos nocivos.
Que sua luz me fortaleça com energia positiva e clareza espiritual.
Eu sou protegido, purificado e estou em paz. Assim é."**

Este decreto, aliado à energia do Quartzo Enxofre, intensifica a purificação energética, mental e emocional, ajudando a criar um campo de proteção e clareza ao redor de quem usa a pedra.

• QUARTZO FUMÊ •

O Quartzo Fumê é conhecido como a "Pedra do Aterramento" devido à sua forte capacidade de conectar com a energia da Terra, trazendo estabilidade, clareza e proteção. Esse cristal auxilia na dissipação de pensamentos negativos, no fortalecimento da resiliência emocional e na transmutação de energias densas em vibrações mais elevadas. Além de criar um escudo energético contra influências externas, o Quartzo Fumê promove uma sensação de segurança e equilíbrio, ajudando a lidar com desafios de maneira mais centrada e objetiva. Sua atuação no chakra raiz favorece a conexão com a realidade, proporcionando estrutura e força interior para enfrentar qualquer situação com confiança e discernimento.

CARACTERÍSTICAS MENTAIS

O Quartzo Fumê é conhecido por sua capacidade de limpar a mente de confusões e trazer foco e clareza. Ele ajuda a dissipar pensamentos negativos e padrões mentais limitantes, permitindo uma visão mais clara e objetiva das situações. Este cristal é excelente para auxiliar na tomada de decisões, especialmente em momentos de incerteza. Ajuda a organizar os pensamentos e promove a assertividade, tornando as escolhas mais fáceis e seguras. O Quartzo Fumê atua como um estabilizador mental, ajudando a reduzir a ansiedade e o estresse, proporcionando uma mente tranquila e centrada.

CARACTERÍSTICAS EMOCIONAIS

O Quartzo Fumê é uma pedra poderosa para o equilíbrio emocional. Ajuda a liberar sentimentos de medo, raiva e ressentimento, promovendo a aceitação e a compreensão das emoções. Este cristal é conhecido por sua capacidade de aliviar estados de depressão e melancolia. Ele age como um purificador emocional, removendo bloqueios e negatividade do campo emocional. O Quartzo Fumê cria um escudo protetor ao redor do campo áurico, evitando que emoções negativas ou energias indesejadas afetem o equilíbrio emocional.

CARACTERÍSTICAS ENERGÉTICAS

Uma das principais características do Quartzo Fumê é sua habilidade de promover um forte aterramento. Ele conecta o usuário à energia da Terra, ajudando a manter os pés no chão e a fortalecer a resiliência. O Quartzo Fumê é um cristal altamente protetor. Ele absorve e neutraliza energias negativas, bloqueando ataques psíquicos e protegendo contra influências externas indesejadas. Este cristal é capaz de transmutar energias densas e negativas em vibrações mais leves e positivas. Ele atua como um filtro, limpando a aura e o ambiente de qualquer energia mal qualificada.

VARIAÇÕES DE COR

Quartzo Fumê-claro: possui uma energia mais leve, ideal para aqueles que buscam proteção energética suave e uma conexão gentil com a Terra. É ótimo para meditações e práticas espirituais diárias.

Quartzo Fumê-escuro: oferece uma proteção mais intensa e um aterramento profundo. É ideal para situações em que se necessita de um escudo protetor forte, especialmente em ambientes carregados de energias negativas.

LIMPEZA DO QUARTZO FUMÊ

Água Corrente: o Quartzo Fumê pode ser limpo em água corrente para remover energias acumuladas. Evite o uso de sal grosso, especialmente em sua forma mais concentrada, para preservar a superfície do cristal.

Defumação: utilize a fumaça de sálvia, incenso ou outras ervas purificadoras para limpar o Quartzo Fumê. Passá-lo pela fumaça por alguns minutos ajuda a liberar energias indesejadas.

Sal Grosso: se perceber um grande acúmulo de energia densa o Quartzo Fumê pode ser limpo com sal grosso diluído em água. Coloque o cristal em uma tigela de vidro ou cerâmica, adicione água filtrada e uma pitada de sal grosso. Deixe-o submerso por algumas horas. Após a limpeza, enxágue o cristal em água corrente para remover qualquer resíduo de sal.

ENERGIZAÇÃO DO QUARTZO FUMÊ

Luz do Sol: energize o Quartzo Fumê ao expô-lo à luz solar por curtos períodos, preferencialmente pela manhã. Evite exposição prolongada para não alterar a cor do cristal.

Luz da Lua: coloque o Quartzo Fumê sob a luz da Lua, especialmente durante a Lua Cheia, para carregar o cristal com uma energia calmante e estabilizadora.

Drusa de Quartzo: colocar o Quartzo Fumê em uma drusa de Quartzo Transparente ou próximo a cristais de Quartzo Transparente pode amplificar sua energia e mantê-lo energizado.

DECRETO DE ATIVAÇÃO – QUARTZO FUMÊ

Para ativar as energias do Quartzo Fumê, segure o cristal em suas mãos ou visualize etericamente, feche os olhos e respire profundamente. Visualize uma luz marrom escura ou preta envolvendo o cristal e o seu corpo, criando um escudo protetor ao seu redor. Diga em voz alta ou mentalmente o seguinte decreto:

"Eu ativo as energias protetoras e estabilizadoras do Quartzo Fumê. Que este cristal ancore minhas energias na Terra, trazendo clareza, força e proteção em todos os aspectos da minha vida. Que suas vibrações transformem qualquer negatividade em luz, e me conectem profundamente à essência da Mãe Terra e ao meu propósito. Assim é."

Este decreto pode ser recitado enquanto você segura o Quartzo Fumê, visualizando uma luz marrom escura envolvendo o cristal e expandindo-se ao seu redor, criando um campo de proteção e estabilidade.

• QUARTZO LEITOSO •

O Quartzo Leitoso é conhecido como a "Pedra da Paz Interior" devido por sua incrível capacidade de acalmar a mente, estabilizar as emoções e fortalecer a conexão espiritual. Sua energia suave e reconfortante promove clareza mental, auxiliando na tomada de decisões com tranquilidade e discernimento. Além de ser um excelente estabilizador emocional, esse cristal atua na purificação do campo energético, protegendo contra influências externas e fortalecendo a aura. Sua conexão com o chakra coronário facilita o acesso à intuição e à sabedoria interior, tornando-o uma pedra essencial para quem busca equilíbrio, harmonia e bem-estar.

CARACTERÍSTICAS MENTAIS

O Quartzo Leitoso é conhecido por sua capacidade de acalmar a mente e proporcionar clareza mental. Ele ajuda a dissipar a confusão e a trazer uma perspectiva mais tranquila e serena, sendo especialmente útil para aqueles que precisam tomar decisões difíceis ou enfrentar situações desafiadoras com uma mente clara. Esse cristal é ideal para quem busca paz mental e foco.

CARACTERÍSTICAS EMOCIONAIS

O Quartzo Leitoso é um excelente estabilizador emocional. Ele auxilia na liberação de medos e ansiedades, promovendo uma sensação de segurança e bem-estar. Este cristal também é conhecido por ajudar a superar traumas emocionais antigos, oferecendo conforto e apoio durante momentos de cura emocional.

CARACTERÍSTICAS ENERGÉTICAS

Energicamente, o Quartzo Leitoso está fortemente conectado ao chakra coronário, promovendo a conexão com planos espirituais superiores e a sabedoria interior. Ele também é conhecido por purificar e fortalecer o campo áurico, protegendo contra energias negativas e promovendo um estado geral de equilíbrio energético.

VARIAÇÕES DE COR

Embora o Quartzo Leitoso seja geralmente encontrado em sua forma branca opaca, ele pode apresentar variações sutis de tom, que não alteram significativamente suas propriedades energéticas, mas podem oferecer nuances adicionais de energia calmante e purificadora.

LIMPEZA DO QUARTZO LEITOSO

Água Corrente: passe o Quartzo Leitoso sob água corrente por alguns minutos, visualizando toda a energia negativa sendo lavada.

Defumação: você também pode defumar o Quartzo Leitoso com sálvia, incenso ou outras ervas purificadoras.

Sal Grosso: mergulhe o cristal em um recipiente com água e sal grosso por algumas horas. Isso ajuda a purificar o cristal de energias mais densas e negativas. Após a imersão, enxágue bem o cristal em água corrente.

ENERGIZAÇÃO DO QUARTZO LEITOSO

Luz do Sol: coloque o Quartzo Leitoso sob a luz suave do Sol da manhã por até uma hora. Evite exposição prolongada à luz solar direta, pois pode afetar a cor e a integridade do cristal.

Luz da Lua: para uma energização mais suave e introspectiva, coloque o cristal sob a luz da Lua Cheia.

Drusa de Quartzo: colocar o Quartzo Leitoso em uma drusa de Quartzo Transparente também ajuda a amplificar sua energia e restaurar seu campo energético.

DECRETO DE ATIVAÇÃO – QUARTZO LEITOSO

Para ativar o Quartzo Leitoso, segure o cristal em suas mãos ou visualize etericamente, feche os olhos e respire profundamente. Visualize uma luz branca suave envolvendo o cristal e todo o seu corpo, purificando sua mente e emoções. Diga em voz alta ou mentalmente o seguinte decreto:

"Eu ativo as energias purificadoras do Quartzo Leitoso em conexão com meu Eu Superior, permitindo que a paz e a clareza mental fluam através de mim. Que este cristal dissipe minhas dúvidas, acalme minhas emoções e fortaleça meu espírito, trazendo serenidade e equilíbrio em todas as áreas da minha vida. Assim é."

Este decreto pode ser recitado enquanto você segura o Quartzo Leitoso em suas mãos, visualizando uma luz branca suave que se expande ao seu redor, trazendo tranquilidade e equilíbrio.

• QUARTZO ROSA •

O Quartzo Rosa é conhecido como a "Pedra do Amor Divino" devido à sua profunda conexão com as emoções, promovendo cura, equilíbrio e harmonia nos relacionamentos. Esse cristal auxilia na liberação de mágoas, no fortalecimento do amor-próprio e na construção de laços afetivos saudáveis. Sua energia suave e acolhedora dissipa sentimentos de tristeza e ressentimento, trazendo paz e compaixão ao coração. Além de atuar diretamente no chakra cardíaco, o Quartzo Rosa cria um campo vibracional de amor e serenidade, afastando energias negativas e fortalecendo a aura. Sua frequência elevada promove um estado de harmonia e bem-estar, tornando-se um cristal essencial para quem busca equilíbrio emocional e relações mais harmoniosas.

CARACTERÍSTICAS MENTAIS

O Quartzo Rosa é um cristal que promove a clareza mental através do amor e da compaixão. Ele ajuda a aliviar a mente de pensamentos negativos, como ressentimento e raiva, e substitui esses sentimentos por pensamentos de perdão e aceitação. Esse cristal é particularmente útil para quem busca resolver conflitos internos e externos, promovendo uma mentalidade mais pacífica e equilibrada.

CARACTERÍSTICAS EMOCIONAIS

O Quartzo Rosa é conhecido como a "Pedra do Amor Incondicional". Ele trabalha diretamente no chakra cardíaco, ajudando a curar feridas emocionais profundas e promovendo o amor-próprio. O Quartzo Rosa é ideal para aqueles que precisam superar traumas emocionais, mágoas antigas ou dificuldades em relacionamentos. Ele encoraja a abertura emocional e fortalece a empatia e a compaixão pelos outros e por si mesmo.

CARACTERÍSTICAS ENERGÉTICAS

O Quartzo Rosa é um cristal que irradia energias de amor, paz e cura. Atua no campo áurico, promovendo a cura emocional e a harmonização energética. O Quartzo Rosa ajuda a equilibrar as energias *yin* e *yang*, promovendo a paz interior e a harmonia nos relacionamentos. Sua energia suave é particularmente eficaz para promover a cura emocional em ambientes onde há tensão ou conflito. O Quartzo Rosa emana uma energia de amor incondicional que é extremamente elevada e pura. Essa vibração é altamente incompatível com as energias negativas, como as emitidas por obsessores espirituais ou entidades de baixa vibração. Por natureza, esses seres negativos não suportam a energia emanada por esse cristal. Ele harmoniza as energias ao redor da pessoa, criando um campo de paz e tranquilidade que repele vibrações não desejadas. Esse processo fortalece a aura, tornando-a menos vulnerável a ataques espirituais ou influências externas.

Além de proteger, o Quartzo Rosa tem a capacidade de transmutar as energias negativas que possam já estar presentes no campo energético da pessoa. Ele transforma medo, raiva, ressentimento e outras emoções densas em sentimentos de amor, compaixão e perdão. Dessa forma, qualquer energia negativa ou influências obsessivas são suavemente dissolvidas e transformadas em vibrações positivas.

Nota: lembrando que a pessoa precisa fazer seu trabalho interior de autoconsciência para que o cristal possa auxiliá-lo.

VARIAÇÕES DE COR

O Quartzo Rosa geralmente é encontrado em tons de rosa suave a rosa pálido, mas pode variar para tons mais intensos, dependendo da quantidade de titânio, ferro ou manganês presentes. Quanto mais intenso o tom, mais potente é a sua energia de cura e amor.

LIMPEZA DO QUARTZO ROSA

Água Corrente: passe o Quartzo Rosa sob água corrente por alguns minutos, visualizando toda a energia negativa sendo lavada.

Defumação: você também pode defumar o Quartzo Rosa com sálvia, incenso de rosas ou outras ervas purificadoras para restaurar sua energia.

Sal Grosso: mergulhe o cristal em um recipiente com água e sal grosso por algumas horas para uma purificação mais profunda. Após a imersão, enxágue bem o cristal em água corrente para remover qualquer resíduo de sal.

ENERGIZAÇÃO DO QUARTZO ROSA

Luz do Sol: evite expor o Quartzo Rosa à luz solar direta por longos períodos, pois isso pode desbotar sua cor. No entanto, uma breve exposição ao Sol da manhã por até uma hora pode ser benéfica.

Luz da Lua: coloque o Quartzo Rosa sob a luz da Lua Cheia para uma energização suave e amorosa.

Drusa de Quartzo: colocar o Quartzo Rosa em uma drusa de Quartzo Transparente ajuda a amplificar suas propriedades curativas e restaurar sua energia.

DECRETO DE ATIVAÇÃO – QUARTZO ROSA

Para ativar o Quartzo Rosa, segure o cristal em suas mãos ou visualize etericamente, feche os olhos e respire profundamente. Visualize uma luz rosa suave envolvendo o cristal e seu corpo, preenchendo seu coração com amor e compaixão. Diga em voz alta ou mentalmente o seguinte decreto:

"Eu ativo as energias amorosas do Quartzo Rosa, permitindo que o amor incondicional, a serenidade e a cura fluam através de mim. Que este cristal abra meu coração para o perdão, fortaleça meus relacionamentos e promova paz e harmonia em todas as áreas da minha vida, elevando continuamente minha vibração. Assim é."

Este decreto pode ser recitado enquanto você segura o Quartzo Rosa em suas mãos, visualizando uma luz rosa que se expande ao seu redor, trazendo amor e cura.

• QUARTZO RUTILADO •

O Quartzo Rutilado é conhecido como a "Pedra da Iluminação e Amplificação" devido à sua capacidade de intensificar energias, promover clareza mental e fortalecer a proteção espiritual. Suas inclusões de rutilo atuam como condutores energéticos, acelerando processos de cura, expansão da consciência e materialização de objetivos. Esse cristal auxilia na liberação de bloqueios emocionais, fortalecendo a autoestima e trazendo maior confiança para enfrentar desafios. Além disso, o Quartzo Rutilado forma um escudo contra energias negativas, limpando e revitalizando a aura. Sua forte conexão com planos superiores facilita a intuição e a comunicação com guias espirituais, tornando-se uma ferramenta essencial para evolução pessoal e equilíbrio energético.

O Quartzo Rutilado é um cristal fascinante que contém inclusões de rutilo, que são agulhas finas de dióxido de titânio, dentro de um Quartzo Transparente, Leitoso e mais raramente em outros cristais.

Essas inclusões podem variar em cor, incluindo dourado, cobre, prateado ou até mesmo preto. Essas finas agulhas dentro do Quartzo conferem ao cristal um aspecto único e poderoso, que amplifica as energias do Quartzo base e adiciona as propriedades energéticas do rutilo.

O Quartzo Rutilado dourado, em particular, é frequentemente associado à prosperidade e à manifestação de abundância. Suas agulhas douradas simbolizam a riqueza e o sucesso material, atraindo oportunidades e ativando a energia da prosperidade em todos os níveis. Este cristal ajuda a desbloquear energias estagnadas relacionadas ao fluxo financeiro e à realização material. Ao trabalhar com o Quartzo Rutilado é possível alinhar suas intenções com a energia de abundância, criando um canal mais aberto para receber bênçãos e prosperidade.

CARACTERÍSTICAS MENTAIS

O Quartzo Rutilado é conhecido por sua capacidade de trazer clareza e foco mental. Ajuda a organizar pensamentos confusos e promove a tomada de decisões mais acertadas, especialmente em situações complexas. Este cristal estimula a mente, ajudando a expandir o pensamento criativo e a encontrar soluções inovadoras para problemas. É útil para estudantes e profissionais que precisam de concentração e agilidade mental.

CARACTERÍSTICAS EMOCIONAIS

O Quartzo Rutilado é um poderoso aliado na liberação de padrões emocionais negativos e traumas do passado. Ele ajuda a trazer à tona emoções reprimidas, facilitando a cura e o perdão. Este cristal promove a confiança e a autovalorização, ajudando a superar sentimentos de inadequação e medo. Ele inspira uma atitude positiva em relação a si mesmo e à vida.

CARACTERÍSTICAS ENERGÉTICAS

O Quartzo Rutilado é um amplificador de energia. Aumenta a força das intenções e das energias ao seu redor, sendo ideal para práticas de manifestação e para potencializar outros cristais. As inclusões de rutilo dentro do Quartzo atuam como um escudo energético, protegendo de ataques psíquicos e influências negativas. Também é excelente para limpar e energizar a aura. Este cristal fortalece a conexão com planos espirituais superiores, facilitando a comunicação com guias espirituais e a recepção de mensagens intuitivas. A combinação das propriedades do Quartzo e do rutilo faz deste cristal uma ferramenta poderosa para quem deseja atrair prosperidade, clareza mental e proteção energética, além de ser um aliado eficaz para a evolução espiritual.

VARIAÇÕES DE COR

Quartzo Rutilado-dourado: focado na amplificação da energia vital e da força pessoal, conectando-se ao chakra do plexo solar. Ótimo para atrais prosperidade material e manifestar positividade e abundância.

Quartzo Rutilado-prateado: aumenta a intuição e a conexão espiritual, ressoando fortemente com o chakra da coroa.

Quartzo Rutilado-preto: excelente para proteção energética, especialmente para aqueles que enfrentam desafios espirituais intensos. Atua no chakra raiz, promovendo ancoragem e estabilidade.

LIMPEZA DO QUARTZO RUTILADO

Água Corrente: lave o Quartzo Rutilado sob água corrente por alguns minutos, visualizando toda a energia negativa sendo retirada.

Defumação: use incenso de sálvia ou Palo Santo para defumar o cristal, limpando-o de qualquer resíduo energético.

Sal Grosso: mergulhe o cristal em um recipiente com água e sal grosso por algumas horas para uma purificação mais profunda. Após a imersão, enxágue bem o cristal em água corrente para remover qualquer resíduo de sal.

ENERGIZAÇÃO DO QUARTZO RUTILADO

Luz do Sol: energize o Quartzo Rutilado sob a luz do Sol durante a manhã por até uma hora. Essa energização é ótima para uma programação de prosperidade e manifestação.

Luz da Lua: coloque o Quartzo Rutilado sob a luz da Lua Cheia para uma energia mais suave e espiritual.

Drusa de Quartzo: coloque o Quartzo Rutilado sobre uma drusa de Quartzo Transparente para amplificar suas energias.

DECRETO DE ATIVAÇÃO – QUARTZO RUTILADO

Para ativar o poder do Quartzo Rutilado, segure o cristal em suas mãos ou visualize etericamente, feche os olhos e respire profundamente. Visualize uma luz dourada (ou da cor das inclusões de rutilo) envolvendo o cristal e seu corpo, ampliando suas energias e intenções. Diga em voz alta ou mentalmente o seguinte decreto:

"Eu ativo o poder magnético do Quartzo Rutilado, permitindo que sua luz dourada atraia prosperidade, abundância e sucesso para minha vida. Que este cristal amplifique minhas intenções e manifeste meus desejos mais elevados, conectando-me ao fluxo universal da riqueza. Eu sou um ímã poderoso para a prosperidade, e tudo o que preciso flui para mim com facilidade e alegria. Assim é."

Este decreto pode ser recitado enquanto você visualiza o Quartzo Rutilado irradiando energia e luz dourada ao seu redor, criando um campo magnético de atração que traz para você tudo o que deseja manifestar em termos de prosperidade e sucesso.

• QUARTZO TRANSPARENTE •

O Quartzo Transparente, também chamado de Cristal de Rocha, é conhecido como a "Pedra da Luz" devido à sua poderosa capacidade de amplificação energética e equilíbrio vibracional. É altamente versátil e purificador, esse cristal pode ser programado para qualquer intenção, tornando-se um aliado essencial para meditação, cura e manifestação. Sua energia cristalina auxilia na clareza mental, na elevação da consciência e no alinhamento de todos os chakras, facilitando o fluxo harmonioso da energia pelo corpo. Quando encontrado em drusas, o

Quartzo Transparente atua ainda mais intensamente, amplificando e estabilizando energias em ambientes e em outros cristais.

Drusa de Quartzo refere-se a uma formação de pequenos cristais de Quartzo em uma base comum. A drusa é conhecida por sua capacidade de amplificar as energias não apenas do Quartzo, mas também de outros cristais e do ambiente em que está situada. É excelente para energizar outros cristais. A drusa de Quartzo Transparente é um cristal de energia muito intensa e nela geralmente encontramos muitos cristais mestres.

CARACTERÍSTICAS MENTAIS

Quartzo Transparente: este cristal é amplamente utilizado para clareza mental. Ele ajuda a organizar os pensamentos, aprimora a concentração e facilita a resolução de problemas. O Quartzo Transparente é ideal para quem busca uma mente afiada e focada, sendo um excelente companheiro durante estudos ou trabalhos que requerem alta concentração.

Drusa de Quartzo: a drusa, com suas múltiplas pontas, tem a capacidade de harmonizar e equilibrar os pensamentos, promovendo a sincronia entre mente e espírito. Ela pode ser usada para amplificar intenções de clareza mental e *insights*.

CARACTERÍSTICAS EMOCIONAIS

Quartzo Transparente: é um cristal de equilíbrio. Ele ajuda a dissipar a confusão emocional, trazendo uma sensação de calma e estabilidade. Este cristal é excelente para quem busca equilibrar suas emoções e liberar sentimentos negativos ou bloqueios emocionais. Porém, como é um cristal amplificador, recomenda-se trabalhar limpando as energias e sentimentos negativos antes com um cristal de transmutação ou limpeza, para não correr o risco de amplificar um campo negativo de emoções conturbadas.

Drusa de Quartzo: a drusa atua como uma fonte constante de energia equilibrante e calmante. É eficaz em ambientes onde há desequilíbrio emocional, ajudando a promover um espaço de harmonia e paz. Lembrando que é um cristal amplificador e por isso recomenda-se limpar antes as energias dos ambientes ou pessoas.

CARACTERÍSTICAS ENERGÉTICAS

Quartzo Transparente: este cristal é conhecido por sua capacidade de amplificar energias, intenções e outros cristais. Ele é um purificador de energias e é capaz de alinhar todos os chakras, facilitando o fluxo de energia entre eles. Ressaltando que como ele amplia o campo, deve-se utilizar posteriormente à limpeza e transmutação energética. O Quartzo Transparente é também uma excelente ferramenta para meditação, ajudando a elevar a vibração energética.

Drusa de Quartzo: a drusa de Quartzo amplifica as energias de qualquer espaço onde esteja. É especialmente útil para purificar e energizar ambientes, além de ser uma poderosa ferramenta para recarregar outros cristais. A drusa é frequentemente usada em altares ou espaços de cura para manter a energia alta e equilibrada.

VARIAÇÕES DE COR

Existem variações de Quartzos e suas colorações, mas eles são tão igualmente importantes, que coloquei cada um em tópicos separados.

LIMPEZA DO QUARTZO TRANSPARENTE

Água Corrente: o Quartzo Transparente pode ser limpo em água corrente, de preferência água natural de riachos ou fontes. Se isso não for possível, água corrente da torneira pode ser utilizada.

Defumação: passe o cristal pela fumaça de sálvia, Palo Santo ou incenso para purificação energética.

Sal Grosso: embora o Quartzo seja resistente, evite deixar o cristal submerso em sal grosso por longos períodos. O ideal é colocar o cristal sobre uma cama de sal grosso ou solução de sal grosso e água por algumas horas e depois enxaguar em água corrente.

ENERGIZAÇÃO DO QUARTZO TRANSPARENTE

Luz Solar: energize o Quartzo Transparente sob a luz do Sol, preferencialmente durante as primeiras horas da manhã. Deixe o cristal exposto por, no máximo, uma hora para evitar que ele desbote.

Luz da Lua: para uma energização mais suave e espiritual, deixe o cristal sob a luz da Lua, especialmente durante a Lua Cheia.

Drusa de Quartzo: coloque outros cristais ou objetos sobre a drusa de Quartzo para recarregar suas energias. A drusa também pode ser energizada pela luz solar ou lunar para amplificar ainda mais suas propriedades.

O QUE É UM CRISTAL MESTRE?

Um Cristal Mestre é um termo usado na cristaloterapia e em práticas espirituais para descrever um cristal que possui características ou propriedades especiais que o tornam único e particularmente poderoso. Esses cristais são considerados "mestres" porque têm formações específicas (sem receber nenhuma lapidação) e podem amplificar, programar, ou transmitir energia de maneiras que outros cristais não conseguem. Eles são vistos como guardiões de conhecimento e sabedoria, e são frequentemente usados por curadores e praticantes espirituais para fins de cura, meditação, e elevação da consciência.

Cristais Mestres muitas vezes têm formações únicas, como terminações duplas, inclusões específicas, ou faces que formam padrões geométricos especiais. Exemplos de Cristais Mestres incluem: Mestre Cetro, Mestre Tabular, Mestre Lemuriano, Mestre Starseed, Mestre Chave, Mestre Abundância, Mestre Trigônico, Mestre Phantom e muitos outros.

A maioria dos Cristais Mestres está entre os cristais de Quartzo. Isso ocorre porque o Quartzo possui uma estrutura cristalina única que facilita a formação de geometrias e características especiais que definem os Cristais Mestres, como canais, marcas, faces e formas específicas.

O Quartzo, por ser um dos minerais mais abundantes e versáteis da Terra, possui propriedades de amplificação, transmissão e armazenamento de energia, o que o torna ideal para formar essas estruturas mais raras e especializadas. Essa característica faz com que os Cristais Mestres sejam altamente valorizados na cristaloterapia e em práticas espirituais, já que possuem a capacidade de acessar e transmitir frequências elevadas, além de potencializar a conexão com os Registros Akáshicos e outros planos de existência.

O Quartzo também possui alta capacidade de programação, o que significa que pode ser sintonizado com diferentes intenções e energias.

DECRETO DE ATIVAÇÃO – QUARTZO TRANSPARENTE

Para ativar o Quartzo Transparente, segure o cristal em suas mãos ou visualize etericamente, feche os olhos e visualize uma luz branca pura envolvendo todo o seu ser. Respire profundamente e diga o seguinte decreto:

> **"Eu ativo o poder do Quartzo Transparente, permitindo que sua luz pura e cristalina clareie minha mente, equilibre minhas emoções e amplifique minhas intenções positivas, irradiando Luz e muita Alegria. Que este cristal seja um canal de energia universal, promovendo clareza, equilíbrio, harmonia e um estado permanente de alta vibração em minha vida. Assim é."**

Este decreto pode ser recitado enquanto você visualiza a luz branca do cristal se expandindo ao seu redor, criando um campo de proteção e amplificação energética.

• QUARTZO VERDE •

O Quartzo Verde é conhecido como a "Pedra da Saúde e da Renovação" devido à sua forte capacidade de promover cura, bem-estar e equilíbrio energético. Sua vibração atua diretamente no chakra cardíaco, estimulando o amor-próprio, a compaixão e a liberação de mágoas.

Além de fortalecer a conexão com a natureza, esse cristal auxilia na recuperação física e emocional, proporcionando uma sensação de estabilidade e harmonia. Sua energia suave é ideal para aliviar o estresse, estimular a clareza mental e favorecer decisões tomadas com o coração.

CARACTERÍSTICAS MENTAIS

O Quartzo Verde é conhecido por sua capacidade de trazer clareza mental, ajudando a dissipar pensamentos confusos e desorganizados. Promove a tomada de decisões assertivas e com base no coração, guiando a mente em momentos de incerteza. Este cristal também pode estimular a criatividade e a inovação, sendo útil para quem trabalha em áreas que exigem pensamento criativo e original.

CARACTERÍSTICAS EMOCIONAIS

O Quartzo Verde é um poderoso curador emocional. Ele auxilia na cura de traumas emocionais antigos, ajudando a liberar mágoas, ressentimentos e sentimentos de inadequação. Atua promovendo um equilíbrio emocional, aliviando o estresse e a ansiedade. É um cristal que favorece a paz interior, trazendo uma sensação de segurança e estabilidade emocional. Ao ressoar com o chakra cardíaco, o Quartzo Verde incentiva o amor-próprio e a aceitação, ajudando a fortalecer a autoestima e a confiança. Trabalha também a energia de perdão e auxilia a encontrar o amor verdadeiro na busca pelo parceiro (a).

CARACTERÍSTICAS ENERGÉTICAS

O Quartzo Verde é associado à cura física. Ele é frequentemente utilizado para fortalecer o sistema imunológico, acelerar a recuperação e promover o bem-estar geral. Este cristal também é conhecido por sua forte conexão com a Natureza, ajudando a harmonizar o corpo e a mente com as energias naturais da Terra. Ele promove uma sensação de enraizamento e pertencimento ao mundo natural. O Quartzo Verde é fundamental para a abertura e o equilíbrio do chakra cardíaco, ajudando a equilibrar as energias amorosas e a conectar-se com a energia do amor universal.

VARIAÇÕES DE COR

Quartzo Verde-claro: geralmente associado a uma energia mais suave e delicada, ideal para curas emocionais profundas e para quem busca harmonia e paz.

Quartzo Verde-escuro: conectado a uma energia mais densa e poderosa, sendo excelente para a manifestação de intenções e para trabalhos de cura física mais intensos.

LIMPEZA DO QUARTZO VERDE

Água Corrente: lave o Quartzo verde sob água corrente por alguns minutos, visualizando toda a energia negativa sendo lavada.

Defumação: escolha uma erva de sua preferência, como sálvia, cedro ou Palo Santo. Acenda a erva e passe o Quartzo Verde pela fumaça, permitindo que ela envolva completamente o cristal. Durante o processo, visualize a fumaça purificando todas as energias indesejadas. Mantenha o cristal na fumaça por pelo menos 1 a 2 minutos.

Sal Grosso: em um recipiente de vidro, adicione água limpa e uma pequena quantidade de sal grosso. Coloque o Quartzo Verde na solução de água com sal e deixe-o imerso por aproximadamente 2 a 4 horas. Isso ajudará a remover quaisquer energias densas acumuladas. Enxágue o cristal novamente em água corrente para remover qualquer resíduo de sal.

ENERGIZAÇÃO DO QUARTZO VERDE

Luz do Sol: escolha um local onde o Quartzo Verde possa receber luz solar direta pela manhã, quando o Sol ainda está suave. A luz do Sol no período da manhã é menos intensa e mais benéfica para o cristal. Deixe o cristal exposto à luz solar por aproximadamente 30 minutos a 1 hora.

Luz da Lua: coloque o Quartzo Verde em um local onde possa receber luz da Lua, preferencialmente durante a fase da Lua Cheia. Deixe o cristal sob a luz da Lua por toda a noite. A energia lunar é suave e eficaz para carregar o Quartzo Verde com energias de cura e equilíbrio.

Drusa de Quartzo: coloque o Quartzo Verde sobre uma drusa de Quartzo Transparente. A drusa amplifica e harmoniza as energias do Quartzo Verde. Deixe o cristal sobre a drusa por pelo menos 4 a 6 horas, ou durante a noite.

Energização com a Terra: encontre um lugar em seu jardim ou em um vaso de plantas onde você possa colocar o Quartzo Verde em contato com a terra. Enterre o cristal levemente e deixe-o lá por 24 horas. A terra ajuda a recarregar o cristal com as energias naturais da Mãe Terra. Após esse período, retire o cristal, limpe-o suavemente com água corrente e seque-o com um pano macio.

Nota importante sobre esse cristal e o amor

Quartzo Verde trabalha para curar feridas do passado, liberando ressentimentos e mágoas que podem estar impedindo a abertura total do coração. Ele equilibra as emoções e promove a confiança em si mesmo, tornando mais fácil confiar nos outros e nas possibilidades de um novo relacionamento. Sua energia de cura cria um campo energético que atrai relações saudáveis, fundamentadas no amor verdadeiro e na reciprocidade.

Energeticamente, ele é um poderoso ativador do chakra cardíaco, o centro energético associado ao amor, compaixão e empatia. Quando este chakra está equilibrado e energizado, você se torna um ímã para o amor, atraindo pessoas que ressoam com sua vibração elevada. O Quartzo Verde também auxilia na manifestação de intenções de amor, amplificando o poder dos pensamentos e desejos relacionados ao amor verdadeiro.

DECRETO DE ATIVAÇÃO – QUARTZO VERDE

Segure o cristal em suas mãos ou visualize etericamente, feche os olhos e respire profundamente. Visualize uma luz verde vibrante envolvendo o cristal e seu corpo, conectando-se ao amor e à cura universal. Sinta essa luz penetrar cada célula, trazendo harmonia e equilíbrio ao seu ser.

**"Eu invoco e ativo a energia sagrada do Quartzo Verde,
permitindo que sua ação curativa flua livremente através de mim.
Que a luz verde deste cristal penetre profundamente
em meu coração, limpando todas as feridas e restaurando
o equilíbrio em cada aspecto de minha vida.
Que sua vibração amorosa abra as portas do meu ser para o amor verdadeiro e a prosperidade, alinhando-me com a abundância do Universo.
Eu sou um canal puro de cura, amor e bem-estar.
Que todo seu poder e força se unam a mim, promovendo a manifestação
do amor incondicional e da harmonia em meu caminho.
Assim é, e assim será."**

Este decreto, aliado ao poder do Quartzo Verde, ampliará sua capacidade de curar, amar, e atrair relações saudáveis e verdadeiras, conectando-o profundamente com as energias do amor universal.

• RODONITA •

A Rodonita é conhecida como a "Pedra do Perdão e da Transformação Emocional" devido à sua poderosa atuação na cura de traumas, fortalecimento do amor-próprio e equilíbrio emocional. Esse cristal auxilia na liberação de ressentimentos e mágoas, trazendo a empatia e a reconciliação. Sua energia estabilizadora harmoniza o chakra cardíaco, ajudando a transformar emoções negativas em compaixão e promovendo a paz interior. Além de fortalecer a autoestima, a Rodonita auxilia na tomada de decisões com mais clareza e maturidade emocional, sendo um cristal essencial para quem deseja desenvolver relacionamentos mais saudáveis e conscientes.

CARACTERÍSTICAS MENTAIS

A Rodonita é conhecida por sua capacidade de promover a clareza mental, especialmente em situações de conflito ou estresse emocional. Ela ajuda a equilibrar o intelecto e as emoções, permitindo uma abordagem mais racional e compassiva aos desafios. A Rodonita também estimula a memória e a atenção aos detalhes, sendo útil para quem precisa resolver problemas complexos de maneira prática e eficaz.

CARACTERÍSTICAS EMOCIONAIS

A Rodonita é um cristal poderoso para a cura de traumas e feridas emocionais. Promove o perdão e a reconciliação, ajudando a liberar ressentimentos e mágoas antigas. A Rodonita é frequentemente usada para fortalecer a autoestima e a confiança em relacionamentos, encorajando a empatia e a compreensão. Este cristal também ajuda a transformar a energia negativa em amor e compaixão, promovendo a paz interior e o bem-estar emocional.

CARACTERÍSTICAS ENERGÉTICAS

A Rodonita está fortemente conectada ao chakra cardíaco, promovendo a cura emocional profunda e a liberação de bloqueios energéticos. Também auxilia na ancoragem da energia do coração, ajudando a manter o equilíbrio emocional em tempos de crise. A Rodonita é conhecida por seu efeito calmante, protegendo de ataques psíquicos e influências negativas, e promovendo uma aura de amor e compaixão ao redor do portador.

VARIAÇÕES DE COR

Rodonita Rosa: promove a cura emocional e o amor-próprio. Conecta-se profundamente com o chakra cardíaco, fortalecendo os laços afetivos.

Rodonita com Preto: equilibra as energias *yin* e *yang*, promovendo a estabilidade emocional e a proteção contra influências negativas.

LIMPEZA DA RODONITA

Água Corrente: limpe a Rodonita sob água corrente, visualizando todas as energias negativas sendo removidas.

Defumação: passe a Rodonita pela fumaça de sálvia ou incenso, pedindo que todas as energias indesejadas sejam purificadas.

Sal Grosso: a Rodonita é uma pedra relativamente delicada e sensível, especialmente devido à sua composição mineral. Coloque a Rodonita em uma tigela com água e uma pitada de sal grosso, deixando-a de molho por pouco tempo para uma limpeza mais profunda. Enxágue bem após a limpeza.

ENERGIZAÇÃO DA RODONITA

Luz do Sol: energize a Rodonita colocando-a sob a luz do Sol da manhã por até uma hora, evitando exposição prolongada.

Luz da Lua: coloque a Rodonita sob a luz da Lua, preferencialmente durante a Lua Cheia, para uma energização suave e introspectiva.

Drusa de Quartzo: coloque a Rodonita em uma drusa de Quartzo cristalino para amplificar suas propriedades energéticas e revitalizá-la completamente.

DECRETO DE ATIVAÇÃO – RODONITA

Para ativar o poder da Rodonita, segure o cristal em suas mãos ou visualize etericamente, feche os olhos e respire profundamente. Visualize uma luz rosa suave envolvendo o cristal e seu corpo, conectando-se ao amor e à cura universal. Recite o seguinte decreto:

> **"Eu ativo a energia curativa e amorosa da Rodonita, permitindo que sua luz purifique meu coração e transforme qualquer dor e sofrimento, em amor e compaixão. Que este cristal me ajude a libertar mágoas antigas e fortaleça minha capacidade de perdoar e promover a paz interior, trazendo harmonia e equilíbrio em todas as áreas da minha vida. Eu sou um canal de cura, amor e compaixão. Assim é."**

Este decreto pode ser recitado enquanto você segura a Rodonita em suas mãos, visualizando a luz rosa do cristal se expandindo e trazendo cura e harmonia para sua vida.

• RUBI •

O Rubi é conhecido como a "Pedra da Força e da Coragem" devido à sua intensa energia de motivação, proteção e revitalização. Esse cristal atua fortalecendo a determinação, a clareza mental e a autoconfiança, sendo um grande aliado para quem busca superar desafios e manifestar seus objetivos com firmeza. Sua forte conexão com o chakra raiz desperta a vitalidade, estimula a energia sexual e promove um profundo senso de segurança. O Rubi equilibra emoções intensas, trazendo entusiasmo, alegria e um sentimento renovado de paixão pela vida.

CARACTERÍSTICAS MENTAIS

O Rubi é conhecido por sua capacidade de melhorar a clareza mental e o foco. Ajuda a dissipar a confusão mental, promovendo pensamentos claros e organizados. Ele é ideal para quem busca aumentar a concentração e a determinação, especialmente em momentos de decisão ou em projetos que exigem persistência. Este cristal é um poderoso estimulante da força de vontade e da coragem. Motiva a enfrentar desafios com confiança e determinação, ajudando a superar obstáculos e a alcançar objetivos com maior facilidade.

CARACTERÍSTICAS EMOCIONAIS

O Rubi é frequentemente associado à paixão e à vitalidade. Ele desperta sentimentos de entusiasmo e alegria, aumentando a energia emocional e a motivação. O Rubi também é conhecido por promover a autoconfiança e a autoestima, tornando-o um excelente aliado para aqueles que buscam fortalecer seu amor-próprio. Ele ajuda a equilibrar emoções intensas e a reduzir o medo e a ansiedade. Promove uma sensação de segurança e estabilidade emocional, especialmente em momentos de crise ou estresse.

CARACTERÍSTICAS ENERGÉTICAS

O Rubi é uma pedra de alta energia que revitaliza o corpo físico e espiritual. Está fortemente conectado ao chakra raiz, promovendo o ancoramento e a energia vital. O Rubi também é conhecido por aumentar a circulação da energia ao longo do corpo, fortalecendo o campo energético e a aura. Atua como um escudo protetor contra energias negativas e ataques psíquicos. Ele purifica o campo energético, eliminando bloqueios e fortalecendo a conexão com a Terra.

VARIAÇÕES DE COR

Rubi Vermelho: a forma mais comum e conhecida, conectada fortemente com o chakra raiz, promove a paixão, a vitalidade e a coragem.

Rubi Rosado: uma variação mais suave que atua também no chakra cardíaco, promovendo o amor, a compaixão e a empatia.

LIMPEZA DO RUBI

Água Corrente: o Rubi pode ser limpo sob água corrente. Segure o cristal sob a água por alguns minutos, enquanto visualiza toda a energia negativa sendo lavada. Esse método é suave e seguro para a maioria dos Rubis.

Defumação: defumar o Rubi com ervas sagradas como sálvia, cedro ou incenso é uma maneira segura e poderosa de purificar o cristal. Passe o Rubi pela fumaça enquanto recita uma intenção de limpeza e purificação. Este método é ideal para uma limpeza energética mais profunda sem contato físico com líquidos ou sal.

Sal Grosso: o Rubi pode ser limpo com sal grosso, mas com cautela. Coloque o Rubi em um recipiente com uma pequena quantidade de sal grosso, cobrindo o cristal levemente. Pode ser feito em solução de água e sal grosso (apenas um pouco). Deixe-o por algumas horas e na sequência lave o Rubi em água corrente para remover o sal. Esse método é eficaz, mas deve ser usado ocasionalmente para evitar que o sal danifique a superfície do cristal.

ENERGIZAÇÃO DO RUBI

Luz do Sol: o Rubi pode ser energizado sob a luz do Sol, preferencialmente durante as primeiras horas da manhã. Coloque o Rubi em um local onde possa receber a luz solar direta por cerca de 30 minutos a 1 hora. A luz do Sol aumenta a energia vital do Rubi, amplificando sua capacidade de fortalecer a coragem e a vitalidade.

Luz da Lua: coloque o Rubi sob a luz da Lua, especialmente durante a Lua Cheia, para energizá-lo com uma energia mais suave e introspectiva. Deixe o cristal exposto à luz da Lua durante toda a noite. Este método é ideal para fortalecer a conexão emocional e espiritual do Rubi.

Drusa de Quartzo: deixe o cristal repousar sobre a drusa por várias horas ou durante a noite. O Quartzo amplificará a energia do Rubi, recarregando-o e purificando-o simultaneamente.

DECRETO DE ATIVAÇÃO – RUBI

Para ativar o poder do Rubi, segure o cristal em suas mãos ou visualize etericamente, feche os olhos e respire profundamente. Visualize uma luz vermelha vibrante envolvendo o cristal e todo o seu corpo, conectando-se à Terra e à sua energia vital. Recite o seguinte decreto:

> **"Eu ativo a poderosa energia do Rubi, permitindo que sua energia vermelha reforce minha coragem, paixão e determinação. Que este cristal me encha de vitalidade, purifique minha energia e me conecte profundamente com a força da Terra. Eu sou um canal de força, coragem e vitalidade. Assim é."**

Este decreto pode ser recitado enquanto você segura o Rubi, visualizando a luz vermelha do cristal se expandindo e energizando todo o seu ser.

• SELENITA •

A Selenita é um cristal altamente vibracional conhecido como a "Pedra da Luz Divina" devido à sua elevada vibração e capacidade de purificação energética. Esse cristal atua profundamente na limpeza do campo áurico, na dissolução de bloqueios energéticos e na elevação da consciência espiritual. Sua energia suave, porém poderosa, proporciona clareza mental, tranquilidade emocional e conexão direta com planos superiores. Fortemente associada ao chakra coronário e ao chakra

Estrela da Alma, a Selenita facilita o contato com guias espirituais, fortalece a intuição e expande a percepção espiritual. Além disso, sua propriedade autolimpante permite que ela seja utilizada para purificar outros cristais e ambientes, tornando-se um recurso essencial para equilíbrio e proteção energética. É frequentemente encontrado em sua forma branca ou transparente, embora também existam variações em tons laranja, pêssego, rosa, verde, azul, cada uma com suas propriedades únicas.

CARACTERÍSTICAS MENTAIS

A Selenita é um dos cristais mais poderosos para trazer clareza mental. Ajuda a dissipar a confusão e a estabilizar a mente, facilitando a tomada de decisões e o foco em situações complexas. É ideal para meditação e introspecção profunda. A Selenita promove maior conexão com a intuição e a sabedoria interior. Ao usar esse cristal, é possível acessar *insights* mais claros e tomar decisões com base em um entendimento mais profundo.

CARACTERÍSTICAS EMOCIONAIS

A Selenita possui uma energia calmante que ajuda a aliviar o estresse e a ansiedade. Promove uma sensação de paz e serenidade, tornando-se um excelente cristal para pessoas que buscam equilíbrio emocional em momentos de turbulência. Este cristal auxilia na liberação de emoções reprimidas e promove a cura emocional profunda. É eficaz para quem está passando por mudanças e precisa de suporte para liberar medos e inseguranças.

CARACTERÍSTICAS ENERGÉTICAS

A Selenita é conhecida por sua habilidade de purificar e limpar a energia ao redor. Ela remove bloqueios energéticos e alinha os chakras, promovendo um fluxo harmonioso de energia através do corpo. Um cristal altamente versátil, que pode ser trabalhado em todos os chakras para limpeza e purificação, assim como basta passar a selenita pelo corpo, para limpar energias negativas e ter uma purificação instantânea. Ela serve para limpar outros cristais. Este cristal está fortemente associado ao chakra coronário e ao chakra Estrela da Alma (acima do coronário), facilitando a conexão com planos espirituais superiores. A Selenita é usada para meditação profunda, ajudando a elevar a consciência e a conectar-se com guias espirituais e seres de luz. Ela cria uma barreira protetora ao redor da aura, impedindo a entrada de energias negativas. É um cristal excelente para ser colocado em ambientes para garantir uma energia pura e refinada.

VARIAÇÕES DE COR

Selenita Branca: promove clareza mental, elevação espiritual, purificação energética, e é ideal para meditação e conexão com planos espirituais superiores. Essa pedra é perfeita para limpeza da aura, de cristais e é muito versátil. Conecta ao Eu Superior.

Selenita Laranja: amplifica a criatividade, promove a cura emocional e aumenta a vitalidade. Está conectada ao chakra sacral e é usada para estimular a energia criativa e a expressão emocional.

Selenita Verde: facilita a cura física e emocional, promove o equilíbrio e a conexão com a Natureza. Esta variação está associada ao chakra cardíaco, ajudando na cura de traumas emocionais e promovendo a harmonia.

Selenita Azul: facilita a comunicação espiritual, a expressão criativa, e está conectada ao chakra laríngeo e ao terceiro olho. Ideal para quem busca fortalecer a intuição e a comunicação com guias espirituais.

Selenita Rosa: promove o amor incondicional e a cura emocional profunda. Conectada ao chakra cardíaco, essa variação é ideal para trabalhar questões emocionais relacionadas ao amor e à compaixão.

Selenita Pêssego: ela auxilia na dissipação de pensamentos confusos e na criação de uma mentalidade positiva, focada em soluções. Ela promove a aceitação de si mesmo, fortalecendo a autoconfiança e o amor-próprio. A Selenita Pêssego também é útil para liberar padrões emocionais negativos, trazendo uma sensação de paz e tranquilidade. Está conectada ao chakra sacral e ao plexo solar.

LIMPEZA DA SELENITA

A Selenita é considerada uma pedra autolimpante. Isso significa que ela tem a capacidade de se limpar e purificar outras pedras e cristais ao seu redor, além de não acumular energias negativas com a mesma facilidade que outras pedras. Por essa razão, a Selenita é frequentemente usada para limpar e energizar outros cristais e objetos (gráficos de radiestesia, pêndulos etc.).

No entanto, apesar de ser autolimpante, é uma boa prática limpar a Selenita ocasionalmente, especialmente se for usada intensivamente em trabalhos energéticos.

Água Corrente: a Selenita é uma pedra delicada e sensível à água. Portanto, não é recomendado submergi-la pois ela vai dissolvendo. Basta enxaguar rapidamente. Use um pano seco ou uma escova macia para remover poeira e outras partículas.

Defumação: a defumação com incenso de sálvia ou Palo Santo são formas eficazes de limpar e purificar a Selenita.

Sal Grosso: evite o uso de sal grosso diretamente na Selenita, pois pode danificar sua superfície. Se desejar, pode colocar a Selenita em um recipiente e ao lado dele, um pequeno prato com sal grosso para absorver energias negativas.

ENERGIZAÇÃO DA SELENITA

Luz do Sol: energize a Selenita brevemente sob a luz do Sol nascente ou poente. A exposição prolongada ao Sol pode alterar a coloração do cristal, então mantenha a exposição por um período curto.

Luz da Lua: coloque a Selenita sob a luz da Lua Cheia para uma energização suave e profunda.

Drusa de Quartzo: posicione a Selenita sobre uma drusa de Quartzo Transparente para amplificar sua energia e potencializar suas propriedades curativas.

DECRETO DE ATIVAÇÃO – SELENITA

Pegue a Selenita Branca em suas mãos ou visualize etericamente, sentindo sua energia suave e purificadora. Feche os olhos e respire profundamente algumas vezes, trazendo sua mente para um estado de calma e foco. Imagine uma luz branca brilhante emanando do cristal, envolvendo todo o seu corpo e criando um campo de proteção e clareza ao seu redor. Com a intenção clara, recite o seguinte decreto:

"Eu ativo a energia pura e magnificada da Selenita Branca, permitindo que sua luz brilhe intensamente dentro de mim e ao meu redor. Que este cristal expanda minha consciência, purifique minha aura e traga clareza espiritual em todas as áreas da minha vida. Eu me abro para a orientação do meu Eu superior, permito que a paz e a serenidade fluam através de mim. Assim é."

Sinta a energia da Selenita se fundir com a sua, trazendo clareza, paz e elevação espiritual. Permaneça neste estado pelo tempo que achar necessário, absorvendo as bênçãos e a luz do cristal. Este decreto pode ser repetido sempre que sentir necessidade de reforçar a conexão com as energias superiores ou purificar sua energia pessoal.

• SERPENTINITA •

A Serpentinita é conhecida como a "Pedra da Renovação" e "Pedra do Despertar Espiritual" devido à sua forte conexão com a energia da Terra e sua capacidade de equilibrar e fortalecer o campo energético. Esse cristal auxilia na limpeza emocional profunda, ajudando a liberar padrões negativos e promovendo um estado de paz interior e autoconfiança. Além disso, sua forte atuação no chakra raiz proporciona ancoragem e estabilidade, enquanto sua influência no chakra do coração estimula o equilíbrio emocional e a conexão com energias superiores. A Serpentinita também é associada à ativação da Kundalini, sendo um cristal essencial para quem busca evolução espiritual e alinhamento energético. Sua energia purifica a aura e bloqueia influências externas indesejadas, tornando-se um poderoso aliado para harmonização e expansão da consciência.

Características Mentais

A Serpentinita é conhecida por sua capacidade de promover clareza mental e organização dos pensamentos. Este cristal auxilia na superação de padrões mentais negativos, ajudando a mente a se libertar de influências externas que possam causar confusão ou estresse. A Serpentinita também incentiva o desenvolvimento da sabedoria e do discernimento, facilitando a tomada de decisões mais conscientes e equilibradas.

Características Emocionais

A Serpentinita é uma pedra de cura e equilíbrio. Ela ajuda a liberar emoções reprimidas e a curar feridas emocionais profundas. Este cristal promove uma sensação de paz interior e autoconfiança, fortalecendo a resiliência emocional. Além disso, ela é conhecida por sua capacidade de aliviar o estresse e a ansiedade, proporcionando uma sensação de segurança e bem-estar.

Características Energéticas

A Serpentinita é uma poderosa pedra de proteção e cura. Ela está fortemente conectada ao chakra da base (ou raiz) e ao chakra cardíaco, promovendo a ancoragem e o equilíbrio energético. Ela também é conhecida por ajudar na ativação da energia Kundalini, facilitando a ascensão espiritual e o alinhamento dos chakras. Este cristal protege contra energias negativas e ajuda a purificar e fortalecer a aura.

VARIAÇÕES DE COR

Serpentinita Verde: a variação verde da Serpentinita está associada à cura emocional e à conexão com a Natureza. Ela promove um profundo senso de paz e renovação, auxiliando na liberação de padrões antigos e na integração de novas energias.

Serpentinita Amarelada: esta variação estimula a criatividade e a autoconfiança. Está conectada ao plexo solar e ajuda a fortalecer a vontade e a determinação.

LIMPEZA DA SERPENTINITA

Água Corrente: este é um método mais suave, onde a Serpentinita é lavada em água corrente natural, como a de um rio, ou sob a torneira por alguns minutos.

Defumação: a defumação com incenso de sálvia ou Palo Santo são formas eficazes de limpar e purificar a Serpentinita.

Sal Grosso: a Serpentinita pode ser limpa usando um banho de sal grosso, mas é importante não deixar o cristal de molho por muito tempo para evitar danos. Coloque a Serpentinita em uma solução de água com sal grosso por alguns minutos e, em seguida, enxágue bem em água corrente.

ENERGIZAÇÃO DA SERPENTINITA

Luz do Sol: coloque a Serpentinita sob a luz suave do Sol durante a manhã por até uma hora. Evite exposição prolongada ao Sol intenso para não desbotar a cor.

Luz da Lua: deixe a Serpentinita sob a luz da Lua, preferencialmente durante a Lua Cheia, para absorver energias femininas e intuitivas.

Drusa de Quartzo: coloque a Serpentinita em uma drusa de Quartzo Transparente ou ao lado de cristais de Quartzo para amplificar sua energia.

DECRETO DE ATIVAÇÃO – SERPENTINITA

Para ativar a energia da Serpentinita, segure o cristal em suas mãos ou visualize etericamente, feche os olhos e respire profundamente. Visualize uma luz verde vibrante envolvendo o cristal e se expandindo ao redor de seu corpo, conectando-se à energia da Terra e ao seu coração. Recite o seguinte decreto:

"Eu ativo a poderosa energia da Serpentinita para purificar, proteger e fortalecer meu ser. Que sua luz verde penetre cada célula do meu corpo, liberando padrões antigos e trazendo equilíbrio e renovação. Eu me conecto profundamente com sua força e estabilidade em cada passo que dou. Que esta Serpentinita desperte minha sabedoria interior e me guie no caminho da cura e da evolução espiritual. Assim é."

Recite este decreto enquanto mantém o foco na sensação de ancoragem e equilíbrio proporcionada pela Serpentinita, permitindo que suas energias atuem de forma harmoniosa em todos os níveis do seu ser.

• SHUNGUITE, SHUNGITE OU SHUNGITA •

Shungita, também conhecida como a "Pedra da Vida", "Pedra Milagrosa" ou "Pedra do Rejuvenescimento" e é um cristal único devido à sua capacidade de absorver, transmutar e proteger contra energias densas e radiações eletromagnéticas. Cientistas estimam que sua idade seja de quase 2 bilhões de anos, e ela tem sido amplamente utilizada para purificação energética, equilíbrio emocional e fortalecimento da vitalidade. Sua forte atuação no chakra raiz e no chakra Estrela da Terra promove ancoragem, estabilidade e proteção, criando um escudo energético ao redor de quem a utiliza. Além de neutralizar influências externas nocivas, a Shungita também auxilia na regeneração celular, sendo conhecida por suas propriedades de rejuvenescimento, renovação e ativação do DNA.

CARACTERÍSTICAS MENTAIS

A Shungita é conhecida por sua capacidade de promover clareza mental e foco. Este cristal ajuda a dissipar pensamentos negativos e desordenados, proporcionando uma mente mais organizada e clara. É especialmente útil para quem busca maior concentração e tranquilidade mental, auxiliando na meditação e na tomada de decisões.

CARACTERÍSTICAS EMOCIONAIS

A Shungita é um poderoso purificador. Tem a capacidade de absorver e neutralizar energias negativas, ajudando a liberar emoções tóxicas e equilibrar o estado emocional. Promove uma sensação de bem-estar e proteção, sendo ideal para quem busca estabilidade emocional e resiliência em tempos de estresse.

CARACTERÍSTICAS ENERGÉTICAS

Ela é amplamente reconhecida por sua forte capacidade de proteção e purificação. Este cristal é utilizado para neutralizar radiações eletromagnéticas e outras influências ambientais nocivas. Ela também é conhecida por equilibrar e alinhar os chakras, especialmente o chakra raiz e o chakra Estrela da Terra, ajudando a ancorar as energias do corpo físico e sutil na Terra. Isso promove uma sensação de estabilidade e segurança em níveis muito profundos. A Shungita cria um escudo protetor ao redor do campo áurico, tornando-a excelente para proteção energética.

VARIAÇÕES DE COR

A Shungita é geralmente preta ou cinza-escura, com algumas variações que apresentam veios prateados ou dourados. Veja a seguir duas formas principais.

Shungita de Elite: esta é a forma mais pura, contendo até 98% de carbono puro. É brilhante e muito mais leve que a Shungita comum.

Shungita Regular: contém aproximadamente 30% de carbono e é mais opaca e densa.

Shungita e o rejuvenescimento e ativação do DNA Divino

A Shungita é um cristal frequentemente associado à ativação do DNA Divino (12 camadas multidimensionais). Essa conexão se deve à sua composição e à forma como interage com os campos energéticos sutis do corpo.

Ela é composta em grande parte por carbono, incluindo estruturas moleculares conhecidas como fulerenos. Os fulerenos são formas esféricas de carbono que possuem propriedades antioxidantes, capazes de neutralizar radicais livres e, energeticamente, criar um campo de proteção ao redor de quem utiliza a Shungita. Isso, por si só, promove um ambiente mais equilibrado para o corpo físico e energético, favorecendo processos de cura e regeneração.

No contexto da ativação do DNA, a Shungita é vista como uma ferramenta poderosa para facilitar a elevação da frequência energética, o que pode influenciar diretamente as camadas sutis do DNA espiritual. Quando trabalhamos com a Shungita, seja em meditações, práticas de cura ou apenas mantendo-a próxima ao corpo, ela ajuda a remover bloqueios energéticos e a restaurar a harmonia entre os corpos físico e espiritual. Esse equilíbrio cria as condições ideais para a reativação de códigos de luz que estão presentes em nosso DNA, mas permanecem inativos devido a traumas, influências negativas ou falta de alinhamento energético.

A ativação do DNA com a Shungita é um processo multidimensional de ativação progressiva e serve para o despertar de aspectos mais elevados da consciência e do potencial humano. Acredita-se que a Shungita ajuda a alinhar a energia do corpo com frequências superiores, o que pode desbloquear informações e memórias ancestrais armazenadas nos Registros Akáshicos e potencializar a conexão com a sabedoria estelar. Esses aspectos, muitas vezes relacionados ao conceito de "DNA DIVINO", envolvem a compreensão mais profunda de quem somos, nossa missão na Terra e as habilidades intuitivas e paranormais que podem ser despertadas.

Dessa forma, a Shungita atua como um facilitador neste processo de expansão e despertar espiritual, promovendo uma espécie de "sintonização" com as energias que ativam esses códigos adormecidos em nosso DNA. A prática de meditação com a Shungita, a colocação do cristal sobre os chakras superiores, como o frontal (terceiro olho) e o coronário, e a recitação de decretos focados na ativação do DNA e forte intenção, podem intensificar esse processo, permitindo que a energia do cristal se integre profundamente ao campo energético e traga à tona potencialidades que estavam adormecidas. Vale ressaltar que é um processo lento e gradual, mas a Shungita pode ser uma ótima aliada.

LIMPEZA DA SHUNGITA

Água Corrente: segure a Shungita sob água corrente por alguns minutos. Imagine a água limpando qualquer energia negativa ou estagnada do cristal, deixando-o renovado e purificado.

Defumação: passe a Shungita pela fumaça de um incenso ou ervas como sálvia ou alecrim. Visualize a fumaça purificando o cristal de qualquer energia negativa ou indesejada. Essa é uma forma suave de limpeza que mantém a integridade do cristal.

Sal Grosso: prepare uma solução de água com sal grosso e mergulhe a Shungita na solução por algumas horas. Evite deixar a Shungita em contato prolongado com o sal, pois, embora seja uma pedra robusta, o contato prolongado pode afetar sua superfície. Enxágue bem em água corrente após a limpeza.

ENERGIZAÇÃO DA SHUNGITA

Luz do Sol: coloque a Shungita sob a luz do Sol por 30 minutos a 1 hora, preferencialmente nas primeiras horas da manhã. A luz solar ajuda a recarregar a energia do cristal, tornando-o mais vibrante e eficaz em sua função protetora.

Luz da Lua: deixe a Shungita sob a luz da Lua, especialmente durante a Lua Cheia, para absorver as energias suaves e intuitivas da Lua. Essa prática é ideal para energizar o cristal de maneira equilibrada, fortalecendo suas propriedades protetoras e de ancoragem.

Drusa de Quartzo: coloque a Shungita em uma drusa de Quartzo Transparente ou ao lado de cristais de Quartzo Branco. A energia amplificadora do Quartzo ajudará a energizar e revitalizar a Shungita, intensificando suas propriedades naturais.

DECRETO DE ATIVAÇÃO – SHUNGITA

Para ativar a Shungita, segure o cristal em suas mãos ou visualize etericamente, feche os olhos e respire profundamente. Visualize uma luz negra ou cinza escura emanada desse cristal envolvendo seu corpo, criando um escudo protetor ao seu redor. Recite o seguinte decreto:

"Eu ativo a poderosa energia protetora da Shungita, permitindo que este cristal absorva e neutralize todas as energias negativas ao meu redor. Que a Shungita crie um escudo de proteção, me conectando profundamente à Terra e trazendo equilíbrio e clareza em todos os níveis do meu ser. Que a ativação do meu DNA se faça agora! Assim é."

Este decreto pode ser recitado enquanto você segura a Shungita, visualizando um campo de proteção que se expande a partir do cristal, cobrindo todo o seu campo energético.

• SODALITA •

A Sodalita é conhecida como a "Pedra da Consciência e do Autoconhecimento" devido à sua capacidade de estimular a intuição, a clareza mental e a comunicação sincera. Esse cristal equilibra a lógica e a percepção intuitiva, fortalecendo a mente analítica e promovendo a expressão verdadeira do que sentimos e pensamos. Sua forte atuação no chakra laríngeo facilita a comunicação autêntica, enquanto sua conexão com o chakra do terceiro olho expande a consciência e fortalece a conexão espiritual. Além disso, a Sodalita proporciona equilíbrio emocional, dissipando medos, inseguranças e padrões de pensamento limitantes. Associada à proteção e coragem, essa pedra é um escudo energético poderoso, ajudando a afastar influências externas negativas e promovendo a confiança interior.

CARACTERÍSTICAS MENTAIS

A Sodalita é uma pedra de clareza mental, ajudando a organizar pensamentos e a promover a racionalidade. Ela é particularmente útil para estudantes, profissionais, ou qualquer pessoa que necessite de foco e disciplina mental. Ela facilita o pensamento lógico e estruturado, promovendo a solução de problemas de forma mais eficaz. Este cristal é conhecido por melhorar a comunicação, principalmente em contextos em que a verdade e a honestidade são essenciais. Auxilia na expressão de pensamentos e sentimentos de maneira clara e concisa, sendo uma excelente ferramenta para pessoas que precisam falar em público ou em situações de mediação.

CARACTERÍSTICAS EMOCIONAIS

A Sodalita promove a paz interior e o equilíbrio emocional, ajudando a dissipar medos e fobias. Ela é eficaz para pessoas que têm dificuldades em controlar emoções intensas, como a raiva ou o pânico, promovendo uma sensação de calma e serenidade. Este cristal ajuda a aumentar a autoconfiança e a autoaceitação, encorajando o portador a ser fiel a si mesmo. A Sodalita também é conhecida por aliviar a ansiedade, especialmente em situações sociais, ajudando a superar a timidez e a insegurança.

CARACTERÍSTICAS ENERGÉTICAS

A Sodalita está fortemente conectada ao chakra laríngeo, facilitando a comunicação e a expressão criativa. Ela também ativa o chakra do terceiro olho, estimulando a intuição e a percepção espiritual. Esta combinação de energias faz da Sodalita um cristal poderoso para aqueles que buscam alinhar sua comunicação com sua intuição. Também cria um escudo energético ao redor do corpo, protegendo de influências externas negativas. Ela é particularmente eficaz em bloquear ataques psíquicos e ajudar a purificar a aura, promovendo uma sensação de segurança e proteção.

A Sodalita é frequentemente associada ao Arcanjo Miguel, o arcanjo conhecido por sua coragem, proteção e força. A cor azul vibrante da Sodalita ressoa profundamente com a energia de Miguel, que é tradicionalmente representado com uma espada e uma armadura azul, simbolizando a justiça, a verdade e a defesa contra o mal.

Assim como Arcanjo Miguel é invocado para proteção espiritual, a Sodalita serve como um escudo energético, bloqueando influências negativas. Pode-se usar a Sodalita para fortalecer essa conexão, criando um campo de proteção ao seu redor.

O Arcanjo Miguel é conhecido como o defensor da verdade e da justiça. A Sodalita, com suas propriedades de promover a clareza mental e a comunicação sincera, ressoa com esses mesmos princípios, ajudando a pessoa a se expressar de maneira autêntica e a tomar decisões fundamentadas na verdade e na integridade.

VARIAÇÕES DE COR

Sodalita Azul-escuro: variação mais comum, essa cor está fortemente ligada à clareza mental, à lógica e à expressão verbal.

Sodalita Azul-claro: mais suave, essa variação facilita a comunicação emocional e a expressão de sentimentos profundos. Ela é ideal para curar feridas emocionais e promover a paz interior.

LIMPEZA DA SODALITA

Água Corrente: segure a Sodalita sob água corrente durante alguns minutos. Visualize todas as energias indesejadas sendo levadas pela água, deixando o cristal limpo e renovado.

Defumação: use a fumaça de sálvia, incenso de limpeza (como Palo Santo ou mirra), ou outras ervas de sua preferência para defumar a Sodalita. Passe o cristal pela fumaça várias vezes, visualizando a purificação energética sendo realizada.

Sal Grosso: prepare uma solução de água com sal grosso (uma colher rasa de sal grosso para um copo de água) e coloque a Sodalita dentro por algumas horas, no máximo até 24 horas. Evite deixar por muito tempo, pois o sal pode desgastar o cristal. Após esse período, enxágue bem o cristal em água corrente para remover todo o resíduo de sal.

ENERGIZAÇÃO DA SODALITA

Luz do Sol: coloque a Sodalita sob a luz do Sol da manhã por até uma hora. Evite expô-la ao Sol forte por muito tempo, pois isso pode desbotar a cor do cristal. A luz solar recarrega a energia da Sodalita, promovendo clareza e vitalidade.

Luz da Lua: deixe a Sodalita sob a luz da Lua, especialmente durante a fase de Lua Cheia. A luz lunar é suave e ideal para recarregar o cristal com energias espirituais e intuitivas, amplificando suas propriedades de proteção e clareza mental.

Drusa de Quartzo: coloque a Sodalita em uma drusa de Quartzo Transparente ou circunde-a com pontas de Quartzo. Deixe-a nesse arranjo por algumas horas ou durante a noite. O Quartzo amplifica e purifica a energia da Sodalita, aumentando suas vibrações protetoras e de alinhamento com a verdade.

DECRETO DE ATIVAÇÃO – SODALITA

Para ativar a Sodalita, segure o cristal em suas mãos ou visualize etericamente, feche os olhos e respire profundamente. Visualize uma luz azul intensa envolvendo o cristal e o seu corpo, conectando-se à energia da verdade e da intuição. Recite o seguinte decreto:

**"Eu ativo as energias da verdade e da sabedoria presentes na Sodalita.
Que sua luz azul me guie na clareza mental,
na comunicação sincera e na abertura da minha intuição.
Eu sou um canal de paz, equilíbrio e verdade.
Que ela fortaleça minha intuição e energia, alinhando minha
comunicação com a minha sabedoria interior. Assim é."**

Este decreto pode ser recitado enquanto você segura a Sodalita em suas mãos, visualizando uma luz azul vibrante envolvendo o cristal e se expandindo ao seu redor, trazendo clareza, paz e proteção.

• SUGILITA •

A Sugilita é conhecida como a "Pedra da Transformação Espiritual e "Pedra da Proteção Energética" devido à sua capacidade de promover cura profunda, equilíbrio emocional e conexão com planos elevados de consciência. Esse cristal atua diretamente no chakra coronário e no chakra do terceiro olho, facilitando a expansão espiritual, o desenvolvimento intuitivo e a conexão com guias espirituais. Além de proporcionar proteção contra influências externas negativas, a Sugilita fortalece a autoaceitação e o amor incondicional, ajudando a liberar traumas emocionais e a superar padrões de rejeição e autossabotagem. Sua energia calmante auxilia no alívio do estresse e da ansiedade, promovendo um estado de paz interior e alinhamento com a essência divina.

CARACTERÍSTICAS MENTAIS

A Sugilita é uma pedra extremamente poderosa para o equilíbrio mental e a clareza. Ela ajuda a acalmar uma mente hiperativa e dispersa, promovendo um pensamento mais organizado e focado. A Sugilita é conhecida por auxiliar na superação de pensamentos obsessivos e compulsivos, além de proteger contra influências mentais negativas. É uma excelente pedra para quem busca manter a mente alinhada com propósitos superiores, facilitando a comunicação entre a mente consciente e a intuição.

CARACTERÍSTICAS EMOCIONAIS

A Sugilita é uma pedra de cura profunda. Ajuda a aliviar a dor emocional, especialmente aquela relacionada a traumas antigos e a sentimentos de rejeição ou abandono. Este cristal promove a autoaceitação e o amor incondicional, encorajando a pessoa a liberar o passado e a viver no presente com um coração aberto. A Sugilita também é eficaz em aliviar o estresse e a ansiedade, trazendo uma sensação de paz e segurança emocional.

CARACTERÍSTICAS ENERGÉTICAS

Ela é uma pedra extremamente espiritual. Está conectada ao chakra coronário e ao chakra do terceiro olho, promovendo uma forte conexão com o divino e facilitando a expansão da consciência. Esse cristal é conhecido por sua capacidade de proteger de ataques psíquicos e energias negativas, criando um campo energético ao redor da pessoa, que bloqueia influências externas indesejadas. Ela também auxilia no alinhamento de todos os chakras, promovendo equilíbrio energético e cura em múltiplos níveis.

A Sugilita é altamente reconhecida por sua poderosa capacidade de transmutação energética. Este cristal possui a habilidade de transformar energias densas e negativas em vibrações mais elevadas e positivas. Sua vibração espiritual é tão alta que pode purificar ambientes, auras, e campos energéticos, promovendo a cura e o equilíbrio. A Sugilita atua como um escudo protetor, transmutando não apenas energias negativas, mas também sentimentos de dor, tristeza e medo, ajudando a pessoa a alcançar um estado de serenidade e paz interior.

Está fortemente associada ao Mestre Ascensionado Saint Germain, que representa o sétimo Raio da Grande Fraternidade Branca. Mestre Saint Germain é conhecido como o guardião da Chama Violeta, o raio de transmutação e libertação. A Chama Violeta é usada para transformar e purificar energias negativas, transmutando-as em luz e amor divino. Devido à sua cor predominantemente violeta e suas propriedades transmutadoras, a Sugilita ressoa profundamente com as energias da Chama Violeta de Saint Germain.

Ao trabalhar com a Sugilita, você pode invocar a presença de Saint Germain para potencializar ainda mais o processo de transmutação. Este cristal ajuda a canalizar a energia da Chama Violeta, facilitando a liberação de carmas passados, padrões negativos e bloqueios energéticos, promovendo uma profunda transformação pessoal e espiritual.

VARIAÇÕES DE COR

Sugilita Roxa-escura: a cor mais comum e reconhecida da Sugilita, ressoando profundamente com os chakras superiores, especialmente o coronário e o terceiro olho. Promove a intuição, a espiritualidade, transmutação e a proteção energética.

Sugilita Roxa-rosada: esta variação é mais rara e está ligada ao chakra cardíaco. Foca na cura emocional e no amor incondicional, facilitando a liberação e transmutação de mágoas profundas, perdão e promovendo a empatia.

LIMPEZA DA SUGILITA

Água Corrente: a Sugilita pode ser limpa suavemente em água corrente. Segure o cristal sob a água por alguns minutos, visualizando todas as impurezas e energias negativas sendo lavadas.

Defumação: passe a Sugilita pela fumaça de incenso, sálvia ou Palo Santo. A fumaça purifica o cristal e remove as energias negativas acumuladas. Este método é suave e eficaz, especialmente para pedras sensíveis como a Sugilita.

Sal Grosso: no método seco, coloque a Sugilita em uma tigela com sal grosso durante algumas horas para purificar as energias acumuladas. Este método é seguro para a Sugilita, pois o sal seco não entrará em contato com o cristal. Método úmido (cuidado): caso decida usar água com sal grosso, certifique-se de que a solução esteja suave e não mantenha o cristal submerso por muito tempo, para evitar qualquer dano.

ENERGIZAÇÃO DA SUGILITA

Luz do Sol: a Sugilita pode ser energizada com a luz do Sol, mas apenas durante o início da manhã ou o final da tarde, por cerca de 30 minutos. Evite a exposição prolongada à luz solar direta, pois pode desbotar a cor do cristal.

Luz da Lua: deixe a Sugilita sob a luz da Lua, especialmente na Lua Cheia, para absorver energias suaves e poderosas. A luz lunar intensifica as propriedades espirituais e curativas do cristal.

Drusa de Quartzo: coloque a Sugilita em uma drusa de Quartzo ou ao lado de um grupo de cristais de Quartzo Branco por algumas horas. O Quartzo amplifica as energias e ajuda a recarregar o cristal de Sugilita de forma harmoniosa.

DECRETO DE ATIVAÇÃO – SUGILITA

Para ativar o poder da Sugilita, segure o cristal em suas mãos ou visualize etericamente, feche os olhos e respire profundamente. Visualize uma luz violeta radiante envolvendo o cristal e seu corpo, conectando-o às energias de transmutação e proteção. Recite o seguinte decreto:

"Eu ativo as energias da Sugilita, invocando a chama violeta da transmutação e proteção. Que este cristal purifique meu ser, dissolvendo todas as energias negativas e elevando minha vibração, ativando minha intuição. Que a luz violeta da Sugilita guie meu caminho, trazendo cura, clareza e conexão com o Divino. Que a luz violeta deste cristal transforme toda dor em amor, todo medo em coragem, e toda escuridão em luz. Eu sou um canal de transformação e luz. Assim é."

Recite este decreto enquanto segura a Sugilita em suas mãos, visualizando uma luz violeta suave envolvendo o cristal e se expandindo ao seu redor, trazendo proteção, transmutação e elevação espiritual.

• TOPÁZIO •

O Topázio é conhecido como a "Pedra da Iluminação e "Pedra da Realização" devido à sua poderosa capacidade de clarear a mente, fortalecer a confiança e atrair abundância. Esse cristal auxilia na organização dos pensamentos, promovendo discernimento e foco para a tomada de decisões assertivas. Sua conexão com o chakra do plexo solar fortalece o poder pessoal, estimulando a manifestação de objetivos e a concretização de desejos. Além de equilibrar as emoções e trazer alegria e otimismo, o Topázio ajuda a eliminar inseguranças, favorecendo a autovalorização e a expressão genuína. Como um potente amplificador energético, ele também atua na proteção espiritual, ajudando a repelir influências negativas e a fortalecer o campo áurico.

CARACTERÍSTICAS MENTAIS

O Topázio é amplamente conhecido por suas propriedades de clareza mental e foco. Este cristal ajuda a dissipar a confusão e a promover uma mente tranquila e organizada. O Topázio é excelente para quem precisa de clareza ao tomar decisões importantes ou para aqueles que estão envolvidos em atividades intelectuais intensas. Também é conhecido por incentivar a autoconfiança e a criatividade, permitindo que ideias fluam com maior facilidade.

CARACTERÍSTICAS EMOCIONAIS

O Topázio é um poderoso estabilizador. Ele promove sentimentos de alegria, generosidade e abundância. Este cristal ajuda a superar a depressão, ansiedade e medo, substituindo-os por sentimentos de esperança e otimismo. O Topázio é particularmente eficaz em ajudar as pessoas a reconhecerem seu próprio valor e a se libertarem de padrões emocionais negativos, como a autossabotagem.

CARACTERÍSTICAS ENERGÉTICAS

O Topázio é um cristal que vibra com a energia da manifestação e da prosperidade. Está fortemente ligado ao chakra do plexo solar, que é o centro da vontade e do poder pessoal. O Topázio amplifica a intenção, ajudando a transformar pensamentos e desejos em realidade. Ele também atua como um protetor energético, repelindo energias negativas e fortalecendo o campo áurico.

VARIAÇÕES DE COR

Topázio Amarelo: associado ao chakra do plexo solar, promove a autoconfiança, a alegria e a abundância. É excelente para a manifestação de riqueza e sucesso.

Topázio Imperial: associado ao chakra do plexo solar, é conhecido por suas propriedades de poder pessoal, autoconfiança e liderança. É visto como uma pedra de abundância e prosperidade, ajudando a manifestar desejos e intenções. Além disso, é associado à elevação espiritual e à sabedoria. (Mais detalhes a seguir).

Topázio Azul: conectado ao chakra laríngeo, melhora a comunicação e a expressão criativa. Também ajuda a equilibrar as emoções e a promover a paz interior.

Topázio Branco (ou incolor): associado ao chakra coronário, este cristal facilita a conexão com o divino e a espiritualidade, promovendo clareza mental e expansão da consciência.

LIMPEZA DO TOPÁZIO

Água Corrente: o Topázio pode ser limpo em água corrente, preferencialmente água de uma fonte natural. Enxague o cristal suavemente, visualizando as energias acumuladas sendo lavadas.

Defumação: defume o Topázio com a fumaça de sálvia, incenso ou outras ervas purificadoras para remover qualquer energia negativa.

Sal Grosso: você pode usar sal grosso para limpeza, mas é recomendado evitar contato prolongado. Coloque o Topázio sobre uma cama de sal grosso por algumas horas para purificar suas energias. Caso decida usar água com sal grosso, certifique-se de que a solução esteja suave e não mantenha o cristal submerso por muito tempo, para evitar qualquer dano.

ENERGIZAÇÃO DO TOPÁZIO

Luz do Sol: energize o Topázio sob a luz direta do Sol por até uma hora, especialmente se for Topázio Amarelo, para intensificar suas propriedades de manifestação e clareza.

Luz da Lua: deixe o Topázio sob a luz da Lua, especialmente durante a Lua Cheia, para uma energização suave e profunda, adequada para todas as variações de cor.

Drusa de Quartzo: coloque o Topázio em uma drusa de Quartzo Transparente para amplificar sua energia e intensificar suas propriedades.

DECRETO DE ATIVAÇÃO – TOPÁZIO

Para ativar o poder do Topázio, segure o cristal em suas mãos ou visualize etericamente, feche os olhos e respire profundamente. Visualize uma luz brilhante, na cor correspondente ao Topázio que você está usando, envolvendo o cristal e seu corpo. Recite o seguinte decreto:

"Eu ativo as energias do Topázio, permitindo que sua luz poderosa ilumine minha mente, equilibre minhas emoções e manifeste abundância em minha vida. Que este cristal fortaleça minha autoconfiança, clareza e meu poder de realização e manifestação. Eu sou um canal de prosperidade, criatividade, sabedoria, e sou guiado pela luz. Assim é."

Diferença entre Topázio Amarelo e o Topázio Imperial

O Topázio Imperial é geralmente mais raro e valorizado do que o Topázio Amarelo, especialmente em suas variações rosadas. Embora ambos compartilhem a capacidade de promover prosperidade e autoconfiança, o Topázio Imperial é muitas vezes considerado mais poderoso e é visto como uma pedra que pode trazer grandeza e elevação espiritual, além de abundância material.

• TOPÁZIO IMPERIAL •

O Topázio Imperial é uma pedra rara e altamente valorizada por sua energia vibrante. É conhecida como a "Pedra do Sucesso e da Manifestação", esse cristal é amplamente associado à abundância, poder pessoal e iluminação espiritual. Suas cores variam entre tons dourados, alaranjados, rosados e avermelhados, refletindo sua intensa conexão com a vitalidade e a manifestação de desejos. Além de impulsionar a autoconfiança e a clareza mental, o Topázio Imperial fortalece a capacidade de materializar objetivos e de manter o foco em metas de longo prazo.

CARACTERÍSTICAS GERAIS

O Topázio Imperial é uma pedra preciosa valorizada por sua beleza radiante e energias poderosas. Ele é conhecido por suas cores vibrantes que variam do amarelo dourado ao laranja, com algumas variedades exibindo tons de rosa e vermelho. É uma das gemas mais preciosas e é amplamente associada à prosperidade, alegria e iluminação espiritual.

CARACTERÍSTICAS MENTAIS

No nível mental, o Topázio Imperial é conhecido por estimular a clareza e o foco. Ele ajuda a organizar pensamentos, dissipando a confusão mental e promovendo uma perspectiva mais positiva e objetiva. Este cristal é ideal para quem busca expandir sua capacidade intelectual, ajudando a manifestar ideias com confiança e determinação.

CARACTERÍSTICAS ENERGÉTICAS

O Topázio Imperial está fortemente conectado ao chakra do plexo solar, que é o centro da vontade e do poder pessoal. Ele promove a autoconfiança e a capacidade de manifestar intenções, sendo conhecido como um cristal de abundância e prosperidade. Além disso, o Topázio Imperial é também associado ao chakra cardíaco, especialmente nas variedades que possuem tons rosados, promovendo a compaixão e o amor incondicional.

LIMPEZA DO TOPÁZIO IMPERIAL

Água Corrente: o Topázio pode ser limpo em água corrente, preferencialmente água de uma fonte natural. Enxague o cristal suavemente, visualizando as energias acumuladas sendo lavadas.

Defumação: defume o Topázio com a fumaça de sálvia, incenso ou outras ervas purificadoras para remover qualquer energia negativa.

Sal Grosso: você pode usar sal grosso para limpeza, mas é recomendado evitar contato prolongado. Coloque o Topázio sobre uma cama de sal grosso por algumas horas para purificar suas energias. Caso decida usar água com sal grosso, certifique-se de que a solução esteja suave e não mantenha o cristal submerso por muito tempo, para evitar qualquer dano.

ENERGIZAÇÃO DO TOPÁZIO IMPERIAL

Luz do Sol: energize o Topázio sob a luz direta do Sol por até uma hora, especialmente se for Topázio Amarelo, para intensificar suas propriedades de manifestação e clareza.

Luz da Lua: deixe o Topázio sob a luz da Lua, especialmente durante a Lua Cheia, para uma energização suave e profunda, adequada para todas as variações de cor.

Drusa de Quartzo: coloque o Topázio em uma drusa de Quartzo Transparente para amplificar sua energia e intensificar suas propriedades.

DECRETO DE ATIVAÇÃO – TOPÁZIO IMPERIAL

Para ativar o poder do Topázio, segure o cristal em suas mãos ou visualize etericamente, feche os olhos e respire profundamente. Visualize uma luz brilhante, na cor correspondente ao Topázio que você está usando, envolvendo o cristal e seu corpo. Recite o seguinte decreto:

"Eu ativo a energia poderosa do Topázio Imperial, permitindo que sua luz dourada ilumine minha mente e fortaleça meu poder de ação. Que este cristal abra os caminhos da prosperidade, alegria e abundância em minha vida. Que sua energia me guie em direção à cocriação e

manifestação dos meus objetivos com confiança e determinação. Eu sou a manifestação do sucesso e da prosperidade. Assim é."

Este decreto pode ser recitado enquanto você segura o Topázio, visualizando uma luz brilhante correspondente à cor do cristal se expandindo ao seu redor, trazendo clareza, equilíbrio e manifestação.

• TURMALINA •

A Turmalina é um cristal de proteção e equilíbrio amplamente utilizado por suas propriedades energéticas e protetoras. Conhecida como a "Pedra do Escudo Energético", ela cria uma barreira contra influências negativas e ajuda a estabilizar as emoções. Encontrada em diversas cores, cada variedade de Turmalina possui atributos únicos, mas todas compartilham a habilidade de harmonizar e alinhar o campo energético. Esse cristal é um excelente aliado para quem busca proteção espiritual, clareza mental e equilíbrio emocional. .

CARACTERÍSTICAS MENTAIS

No nível mental, a Turmalina é conhecida por sua capacidade de ajudar a dissipar pensamentos negativos e promover a clareza mental. Ela auxilia na tomada de decisões e no foco, ajudando a manter a mente calma e centrada em momentos de estresse. A Turmalina também é um excelente cristal para aqueles que buscam aumentar sua criatividade e encontrar soluções inovadoras para problemas.

CARACTERÍSTICAS EMOCIONAIS

A Turmalina é um poderoso estabilizador. Ela ajuda a equilibrar as emoções, proporcionando uma sensação de segurança e tranquilidade. A Turmalina Negra, em particular, é eficaz para absorver energias negativas e transformá-las em energias positivas, ajudando a superar medos e ansiedade, assim como faz um escudo de proteção (energia bate e volta). Já a Turmalina Rosa (ou Rubelita) é conhecida por estimular o amor-próprio e a compaixão, promovendo a cura emocional profunda.

CARACTERÍSTICAS ENERGÉTICAS

Energicamente, a Turmalina é um dos cristais mais poderosos para proteção. Forma um escudo energético ao redor do corpo, protegendo de ataques psíquicos, energias negativas, inveja, mau olhado e outras influências externas prejudiciais. Quando a energia negativa enviada é muito forte, a Turmalina pode se quebrar.

A Turmalina Negra é muito eficaz também no aterramento das energias, conectando a pessoa com a energia da Terra. A Turmalina Verde, por sua vez, é conhecida por promover a cura e o crescimento, além de fortalecer o campo energético.

VARIAÇÕES DE COR

Turmalina Negra: proteção energética, aterramento e transformação de energias negativas. A Turmalina Negra é autolimpante devido à sua forte capacidade de absorção e transmutação de energias negativas.

Turmalina Rosa (Rubelita): amor-próprio, compaixão e cura emocional. Não é autolimpante e requer limpeza regular para manter suas propriedades.

Turmalina Verde (Verdelita): crescimento, cura e fortalecimento do campo energético. A Turmalina Verde não é autolimpante. Recomenda-se limpeza regular, especialmente após sessões de cura ou meditação.

Turmalina Melancia (verde e rosa): equilíbrio emocional e energia do coração, unindo as propriedades da Turmalina Rosa e Verde. Não é autolimpante e deve ser limpa regularmente.

Turmalina Azul (Indicolita): comunicação, intuição e conexão espiritual. Não é autolimpante e precisa de limpeza periódica para manter suas energias puras.

Turmalina Paraíba: é uma variação rara e muito valorizada, com uma cor azul intensa ou azul-esverdeada, que vem do cobre e, em menor grau, do manganês em sua composição. Descoberta inicialmente no estado da Paraíba, no Brasil, essa Turmalina possui um brilho neon que a torna única e extremamente valorizada no mercado de gemas.

A Turmalina Paraíba é considerada uma das pedras preciosas mais raras e caras do mundo.

Obs.: Apesar das Turmalinas Azul e Paraíba serem azuis, a principal diferença está na origem, na composição química (presença de cobre na Paraíba) e na intensidade do brilho, que é muito mais vívido na Turmalina Paraíba.

TURMALINA NEGRA

A Turmalina Negra atua como um escudo contra influências negativas, protegendo a mente de pensamentos obsessivos, ansiedade e distrações. Ela fortalece a clareza mental, ajudando a focar em tarefas específicas e a tomar decisões racionais. Este cristal é particularmente útil para aqueles que trabalham em ambientes estressantes, pois cria uma barreira que bloqueia interferências externas.

Ela absorve energias densas e negativas, transformando-as em vibrações mais leves e positivas. Isso faz dela uma excelente aliada para quem está lidando com emoções intensas, como raiva, medo ou tristeza. A Turmalina Negra também ajuda a combater influências negativas vindas de outras pessoas a você.

A Turmalina Negra é uma das pedras mais fortes para proteção. Conectada ao chakra raiz, ela ajuda a ancorar a energia no corpo físico, estabilizando o campo áurico e criando um escudo contra energias negativas e ataques psíquicos. Sua capacidade de transmutar energias densas em vibrações positivas a torna um cristal essencial para ambientes carregados ou para uso pessoal em situações desafiadoras.

Protege da emissão vinda de celulares, a neblina eletromagnética, a radiação, os ataques psíquicos, os encantamentos, inveja, mau-olhado e combate energias negativas de todos os tipos. Mantém o campo áurico livre de desequilíbrios mesmo na presença de energias destrutivas.

Realiza a limpeza energética e espiritual e atua na cura mental, transmutando padrões de pensamentos negativos. Ela indica a melhor direção a seguir, auxiliando na concretização de objetivos. Aumenta a vitalidade física e promove a autoconfiança. Remove bloqueios e diminui a tensão, o estresse e o medo.

As diferentes variações de Turmalina, como a Turmalina Verde, Rosa, Azul e outras, têm propriedades similares em relação à resistência à água, mas algumas características devem ser consideradas.

LIMPEZA DA TURMALINA

Água Corrente: segure a Turmalina sob água corrente por alguns minutos, permitindo que a água leve embora qualquer energia negativa acumulada. Este método é seguro para todas as variedades de Turmalina.

Defumação: defume a Turmalina com a fumaça de sálvia, incenso ou Palo Santo. Passe a pedra pela fumaça várias vezes, visualizando as energias negativas sendo transmutadas em luz.

Sal Grosso: coloque a Turmalina em um recipiente de vidro e cubra-a com sal grosso. Deixe-a descansar por algumas horas ou durante a noite. O sal grosso absorverá as energias negativas. Para uma limpeza mais suave, encha um recipiente com água e adicione uma pequena quantidade de sal grosso. Coloque a Turmalina na solução por 15 a 30 minutos. Enxágue bem a pedra com água corrente após a imersão para remover qualquer resíduo de sal.

Turmalina Verde (Verdelita): pode ser lavada em água corrente, mas assim como a Turmalina Negra, não é recomendável deixá-la imersa em água por longos períodos ou usar sal grosso, para evitar danos à sua superfície.

Turmalina Rosa (Rubelita): esta variedade é geralmente mais sensível do que a Turmalina Negra ou Verde. Evite limpar com água e sal grosso, pois pode perder o brilho ou desenvolver microfissuras. A defumação ou o uso de drusas de Quartzo são opções melhores para limpeza e energização.

Turmalina Azul (Indicolita): também pode ser sensível à água, principalmente em exposição prolongada. A limpeza rápida com água corrente é possível, mas sempre sem sal grosso. Optar por outros métodos, como a luz do Sol ou drusas de Quartzo, é mais seguro para a integridade da pedra.

Turmalina Melancia: por ser composta de diferentes cores em um mesmo cristal (geralmente verde e rosa), recomenda-se cuidado ao limpar com água. Evite o uso de sal grosso, pois essa combinação pode ser mais vulnerável a danos na superfície.

Turmalina Paraíba: segue a mesma regra, pode ser rapidamente enxaguada em água corrente, mas o sal grosso deve ser evitado para preservar o brilho e a integridade da pedra.

Obs.: a Turmalina Negra é um cristal relativamente resistente, mas possui uma estrutura que pode ser prejudicada pela exposição prolongada à água, especialmente se combinada com sal grosso. Embora a água por períodos curtos não cause danos, a imersão prolongada pode enfraquecer sua superfície e até criar fissuras com o tempo.

Se você optar por limpar a Turmalina Negra com água, faça isso rapidamente e sem a adição de sal grosso, enxaguando-a em água corrente por alguns segundos. Para métodos de limpeza mais seguros, recomenda-se a defumação com ervas como sálvia ou Palo Santo, ou energizá-la sobre uma drusa de Quartzo.

ENERGIZAÇÃO DA TURMALINA

Luz do Sol: coloque a Turmalina sob a luz direta do Sol por 1 a 2 horas, preferencialmente durante a manhã ou ao final da tarde, para evitar o calor intenso que pode danificar algumas variedades mais delicadas. Este método é excelente para revitalizar e recarregar a energia da pedra.

Luz da Lua: deixe a Turmalina exposta à luz da Lua, especialmente durante a Lua Cheia, para absorver a energia lunar suave e calmante. Este método é ideal para energizar a Turmalina de maneira mais delicada.

Drusa de Quartzo: coloque a Turmalina em uma drusa de Quartzo ou perto de cristais de Quartzo Transparente por várias horas. O Quartzo amplificará as energias da Turmalina e ajudará a mantê-la energeticamente equilibrada.

DECRETO DE ATIVAÇÃO – TURMALINA NEGRA

Para ativar o poder da Turmalina Negra, segure o cristal em suas mãos ou visualize etericamente, feche os olhos e respire profundamente. Visualize uma luz negra intensa envolvendo o cristal e expandindo-se ao seu redor, criando um escudo protetor. Recite o seguinte decreto:

**"Eu ativo a poderosa proteção da Turmalina Negra,
que cria um escudo impenetrável ao meu redor, bloqueando
todas as energias negativas e influências de baixa vibração.
Que sua energia transmute todas as vibrações negativas em luz e equilíbrio.
Eu sou protegido, blindado, ancorado em todos os níveis do meu ser. Assim é."**

Durante o decreto, visualize um campo de luz negra e protetora ao seu redor, absorvendo e transmutando todas as energias negativas que possam tentar penetrar. Sinta-se envolvido por esta barreira de proteção e ancoramento.

• TURQUESA •

A Turquesa é um cristal amplamente reconhecido por sua energia de equilíbrio, cura e proteção. Conhecida como a "Pedra da Comunicação Verdadeira", ela auxilia na expressão sincera e fluida, promovendo clareza mental e estabilidade emocional. Sua vibração suave, porém poderosa, fortalece a conexão com a verdade interior, proporcionando paz e harmonia ao corpo e à mente. Além de suas propriedades protetoras, a Turquesa tem sido reverenciada ao longo da história por sua capacidade de atrair boas energias e fortalecer o campo espiritual.

CARACTERÍSTICAS MENTAIS

A Turquesa é uma pedra que promove a clareza mental e a comunicação eficaz. Ela auxilia na dissipação de pensamentos confusos e no alinhamento de ideias, ajudando a expressar pensamentos de forma clara e assertiva. É especialmente útil para pessoas que precisam se comunicar de maneira mais fluida, seja em conversas cotidianas ou em apresentações públicas. Além disso, a Turquesa também estimula a criatividade e a inovação, tornando-se uma aliada para artistas e profissionais criativos.

CARACTERÍSTICAS EMOCIONAIS

A Turquesa é conhecida por sua capacidade de promover paz interior e equilíbrio emocional. Ela acalma o coração em momentos de estresse e ansiedade, proporcionando uma sensação de serenidade. Este cristal também é eficaz em aliviar a tristeza e a depressão, ajudando a restaurar a confiança e o otimismo. A Turquesa tem uma energia de proteção emocional, que pode fortalecer a autoconfiança e a segurança em situações emocionais desafiadoras.

CARACTERÍSTICAS ENERGÉTICAS

Energeticamente, a Turquesa está profundamente conectada ao chakra laríngeo, o que a torna uma pedra poderosa para a comunicação sincera e a expressão da verdade. Ajuda a desbloquear e equilibrar este chakra, permitindo que a pessoa se expresse de forma autêntica e verdadeira. Esse cristal também possui propriedades de cura espiritual, facilitando a conexão com planos espirituais superiores e proporcionando uma proteção energética robusta. É conhecida por harmonizar as energias masculinas e femininas dentro do corpo, promovendo um equilíbrio geral e fortalecendo o campo energético.

VARIAÇÕES DE COR

Turquesa Azul-claro: esta variação está mais fortemente ligada à comunicação e expressão criativa, sendo ideal para quem deseja melhorar a clareza na fala e a comunicação interpessoal.

Turquesa Verde-azulado: promove uma conexão mais profunda com a Terra e a Natureza, trazendo um equilíbrio emocional mais enraizado e uma sensação de paz interior.

LIMPEZA DA TURQUESA

Água Corrente: limpe a Turquesa suavemente em água corrente. Evite a imersão prolongada, pois o cristal é poroso e pode ser danificado pela água.

Defumação: passe a Turquesa pela fumaça de sálvia, incenso ou Palo Santo para limpar energias indesejadas.

Sal Grosso: passe o cristal sobre uma camada de sal grosso sem imergi-lo, e depois limpe o sal com um pano seco. Evite o contato com água salgada, pois pode danificar a Turquesa.

ENERGIZAÇÃO DA TURQUESA

Luz do Sol: energize a Turquesa sob a luz do Sol da manhã por até 30 minutos. Evite a exposição prolongada ao Sol, pois pode desbotar a cor do cristal.

Luz da Lua: coloque a Turquesa sob a luz da Lua Cheia para uma energização suave e reconfortante.

Drusa de Quartzo: coloque a Turquesa sobre uma drusa de Quartzo Transparente para amplificar sua energia e restaurar suas propriedades.

DECRETO DE ATIVAÇÃO – TURQUESA

Para ativar o poder da Turquesa, segure o cristal em suas mãos ou visualize etericamente, feche os olhos e respire profundamente. Visualize uma luz azul-turquesa vibrante envolvendo o cristal e seu corpo, conectando-se à verdade e à sabedoria. Recite o seguinte decreto:

"Eu ativo a energia clara e comunicativa da Turquesa, permitindo que sua luz azul flua através de mim, purificando minha mente, voz e que eu expresse minha verdade, com amor, clareza, confiança e docilidade. Eu sou uma voz da minha verdade, com paz e harmonia. Assim é!"

Este decreto pode ser recitado enquanto você segura a Turquesa, visualizando sua luz azul-turquesa envolvendo seu corpo, trazendo clareza e proteção ao seu campo energético.

• UNAKITA •

A Unakita é conhecida como a "Pedra da Visão Espiritual" devido à sua capacidade de promover equilíbrio entre o mundo material e espiritual.

Ela também é chamada de "Pedra do Renascimento", pois auxilia no processo de transformação pessoal, ajudando na superação de traumas e no crescimento interior.

É uma pedra poderosa que combina Jaspe Vermelho e Epidoto Verde, o que lhe confere uma aparência única e propriedades vibracionais distintas.

Além disso, é considerada uma pedra de Cura Holística, pois trabalha simultaneamente no nível físico, emocional e espiritual, promovendo bem-estar integral.

CARACTERÍSTICAS MENTAIS

A Unakita é excelente para trazer clareza mental e aumentar o foco. Ajuda a eliminar bloqueios mentais e a promover a resolução de problemas, incentivando uma perspectiva equilibrada e prática. Este cristal auxilia na superação de pensamentos negativos e padrões mentais autossabotadores. Ele é útil para quem deseja romper com hábitos mentais antigos e criar caminhos mais positivos.

CARACTERÍSTICAS EMOCIONAIS

A Unakita é amplamente reconhecida por suas capacidades de cura emocional. Ela traz à superfície emoções reprimidas e traumas não resolvidos, permitindo que sejam processados e curados de forma compassiva. Esta pedra promove um equilíbrio emocional suave, ajudando a estabilizar o humor e a promover a paz interior. Ela é ideal para quem busca se reconectar com suas emoções de maneira equilibrada e harmoniosa.

CARACTERÍSTICAS ENERGÉTICAS

A Unakita está fortemente conectada ao chakra cardíaco, promovendo a cura e o equilíbrio energético nessa área. Além disso, ela também trabalha com o chakra raiz, ancorando a energia e estabilizando a pessoa no plano físico. Energeticamente, a Unakita é conhecida por seu poder de cura holística, atuando em todos os níveis do ser - físico, emocional e espiritual. Ela harmoniza as energias do corpo e promove a saúde integral.

VARIAÇÕES DE COR

Unakita Verde e Rosa: a combinação clássica de Epidoto Verde e Jaspe Vermelho, que dá à Unakita sua cor verde-rosada característica, reflete seu poder de equilibrar as energias masculinas e femininas, além de promover a cura emocional.

Unakita Verde-escuro com Tons de Vermelho: em algumas variações, a cor verde escura pode predominar, com manchas sutis de vermelho, acentuando suas propriedades de cura e ancoragem.

LIMPEZA DA UNAKITA

Água Corrente: limpe a Unakita em água corrente por alguns minutos, visualizando as energias negativas sendo lavadas.

Defumação: defume a Unakita com ervas como sálvia ou incenso, deixando a fumaça purificar as energias do cristal.

Sal Grosso: a Unakita pode ser colocada em uma solução de água com sal grosso por algumas horas para uma limpeza mais profunda. Evite deixar o cristal por muito tempo, para não comprometer sua aparência.

ENERGIZAÇÃO DA UNAKITA

Luz do Sol: energize a Unakita sob a luz suave do Sol da manhã por até uma hora. Evite exposição prolongada para não desbotar as cores.

Luz da Lua: coloque a Unakita sob a luz da Lua, especialmente durante a Lua Cheia, para recarregar suas energias de cura.

Drusa de Quartzo: coloque a Unakita em uma drusa de Quartzo Transparente para amplificar sua energia e restaurar seu potencial vibracional.

DECRETO DE ATIVAÇÃO – UNAKITA

Para ativar o poder da Unakita, segure o cristal em suas mãos ou visualize etericamente, feche os olhos e respire profundamente. Visualize uma luz verde e rosa vibrante envolvendo o cristal e seu corpo, conectando-se à cura emocional e ao equilíbrio universal. Recite o seguinte decreto:

"Eu ativo a energia restauradora e harmonizadora da Unakita, permitindo que sua luz verde e rosa fluam através de mim, trazendo cura profunda para o meu coração e paz para minhas emoções. Que este cristal revele e cure as feridas ocultas, promovendo a paz interior e o bem-estar em todos os níveis do meu ser. Eu sou um canal de cura, amor e equilíbrio. Assim é."

Este decreto pode ser recitado enquanto você segura a Unakita, visualizando uma luz verde e rosa suave envolvendo o cristal e expandindo ao seu redor, trazendo cura e harmonia.

BIBLIOGRAFIA

Raphaell, Katrina. *As Propriedades Curativas dos Cristais e das Pedras Preciosas: um Manual de Estudos Introdutórios e Aplicações Práticas Sobre Cura Energética.* Pensamento, 2022.

____. *Cura pelos Cristais: Como Aplicar as Propriedades Terapêuticas dos Cristais e das Pedras Preciosas.* Pensamento, 1987.

____. *Transmissões Cristalinas Uma Síntese De Luz.* Pensamento, 1990.

Melody. *Love Is in the Earth: A Kalendoscope of Crystals.* Earth-Love Pub. House, 1991.

____. *Love is in the Earth: The Crystal and Mineral Encyclopedia, The Liite Fantastic, "the Last Testament": The Lite Fantastic the Last Testament.* Earth-Love Pub. House, 2008.

Hall, Judy. *A Bíblia dos Cristais - Vol. 1: o Guia Definitivo dos Cristais.* Pensamento, 2008.

____. *A Bíblia dos Cristais - Vol. 2: com a Descrição de 200 Novos Cristais de Cura.* Pensamento, 2016.

____. *A Bíblia dos Cristais - Vol. 3: Mais de 250 Pedras Recém-descobertas,* Pensamento, 2016.

____. *O Poder de Manifestação dos Cristais: Para Atrair Abundância, Saúde, Felicidade e Bem-estar.* Pensamento; 2023.

____. *Conhecimento Prático com Cristais: seu Workshop Completo Sobre Cristais em um único Livro.* Pensamento; 2023.

Simmons, Robert, e Naisha Ahsian. *O Livro das Pedras: Quem São e o que Ensinam.* Madras Editora, 2003.

AMADO LEITOR,

Ao longo destas páginas, você mergulhou na sabedoria milenar e ancestral dos cristais, descobriu seus mistérios e aprendeu a integrar sua energia em sua jornada espiritual e pessoal. Cada conhecimento compartilhado aqui é um convite para que você vá além da teoria e experimente, sinta e vivencie todo o seu enorme potencial.

Agora, o verdadeiro caminho começa. Que este livro seja um guia constante, um verdadeiro portal pelo qual você possa atravessar e aplicar as ativações, decretos e práticas no seu dia a dia. Permita-se sentir a energia dos cristais, usar os banhos para renovar sua vibração, acessar o *Oráculo Portal de Ativação Cristalino* e explorá-lo ao máximo. Associe os cristais a outras práticas e técnicas, seja para o seu próprio crescimento, para auxiliar outras pessoas ou para realizar ativações poderosas. Deixe que eles ampliem sua intuição e sua conexão com as essências cristalinas de forma consciente e profunda.

Que cada cristal ativado, cada prática realizada e cada conhecimento absorvido se tornem ferramentas para sua evolução, sua cura e a manifestação de uma realidade plena, harmônica e abundante.

Siga em frente com confiança, e que a luz cristalina esteja sempre ao seu lado!

Com Amor e Infinita Gratidão,
Michelle Gil